MATANDO DRAGONES

Lo que los exorcistas ven
y
lo que debemos saber

Edición en español

Escrito por
Charles D. Fraune

MATANDO DRAGONES
Lo que los exorcistas ven y lo que debemos saber

Charles D. Fraune, M.A.

Edición en español

2020

Nihil obstat: Reverendo Matthew Kauth, S.T.D.
Censor Deputatus

El *nihil obstat* fue otorgado a la versión original del libro en inglés.

Derechos de autor © 2019 Charles D. Fraune. *Slaying Dragons Press.*

Edición en español 2020

Esta *edición* es una traducción de *Slaying Dragons* (segunda edición revisada y expandida, cuarta impresión). Contiene cambios sustanciales en comparación con el original, pero sigue el mismo formato y diseño general. Los cambios reflejan un aumento significativo en el número de fuentes utilizadas, lo que amplió en gran medida el alcance y la extensión de la cobertura del tema. La cuarta *impresión* contiene cambios menores en el texto y la inclusión del *nihil obstat,* así como el *Prólogo* y una revisión de la sección *Almas de los condenados* del Capítulo 5.

A menos que se indique lo contrario, todas las citas de las *Sagradas Escrituras* provienen de la *Biblia de Jerusalén,* 3ra Edición © 2009 Desclée De Brouwer, S.A. Bilbao, España. Las citas seguidas de la abreviatura TA son tomadas de la *Sagrada Biblia, Nueva Edición Guadalupana* (Félix Torres Amat, traductor, 1950). Derechos reservados.

Todos los derechos quedan reservados. Ninguna parte de esta publicación puede reproducirse, almacenarse en un sistema de recuperación o transmitirse de ninguna forma o por ningún medio, electrónico, mecánico, fotocopiado, grabación u otro, sin el permiso previo por escrito del autor, excepto por el uso de citas breves en reseñas del libro o diarios académicos.

Arte de la portada: James Tissot, *El niño poseído al pie del monte Tabor,* Museo de Brooklyn. Dominio público.

Traducido al español por Araceli Anatrella y editado por Carolina Homayden, 2020.

Slaying Dragons Press
www.TheRetreatBox.com
2020

Dedicatoria

A la Virgen Dolorosa,
y al glorioso y triunfante arcángel san Miguel.

*El Hijo de Dios se manifestó
para deshacer las obras del diablo.*
1 Juan 3, 8

*San Miguel Arcángel,
defiéndenos en la batalla.
Sé nuestro amparo
contra la perversidad y acechanzas del demonio.
Reprímale Dios, pedimos suplicantes,
y tu príncipe de la milicia celestial
arroja al infierno con el divino poder
a Satanás y a los otros espíritus malignos
que andan dispersos por el mundo
para la perdición de las almas.
Amén.*

Índice

PRÓLOGO V
AGRADECIMIENTO VII
PREFACIO IX
INTRODUCCIÓN 1
CAPÍTULO 1 5
    Motivación y táctica de los demonios
CAPÍTULO 2 29
    Naturaleza angélica
CAPÍTULO 3 35
    Etapas de la influencia diabólica
CAPÍTULO 4 49
    Autoridad de nuestro Señor sobre los demonios
CAPÍTULO 5 59
    Cómo saben los exorcistas lo que saben
CAPÍTULO 6 73
    Rito del exorcismo
CAPÍTULO 7 89
    La autoridad y lo diabólico
CAPÍTULO 8 99
    El pecado y la influencia de Satanás
CAPÍTULO 9 109
    Resistiendo la influencia diabólica
CAPÍTULO 10 119
    Protegiendo su vida espiritual
CAPÍTULO 11 157
    Asociándose con el maligno
CONCLUSIÓN 171

REFERENCIAS 173

APÉNDICE 179

    Consagración de los bienes exteriores
    a la Santísima Virgen María

SOBRE EL AUTOR 181

Prólogo

Este libro se basa en la sabiduría y las enseñanzas de muchos exorcistas que confrontan al diablo y sus demonios como aspecto central de su ministerio sacerdotal. Estas experiencias les proporcionan entendimientos únicos sobre el mecanismo de lo diabólico y el poder de la gracia que fluye de nuestro Señor Jesucristo a través de su santa Iglesia. Sin embargo, es importante señalar que, si bien sus enseñanzas son particularmente perspicaces y beneficiosas para los fieles, los exorcistas no están hablando oficialmente como representantes del Magisterio de la Iglesia. El presente libro trata algunos asuntos que no han sido definidos por la Iglesia, pero su contenido no es contrario a su enseñanza.

Agradecimiento

Estoy en deuda y muy agradecido con nuestros fieles sacerdotes, por su generosidad al transmitir incansablemente las Sagradas Tradiciones de nuestra Fe Católica y por trabajar para asegurarse que se les enseñen a los fieles de esta época las verdades de la oración y la guerra espiritual y así se fortalezcan en esta batalla «contra los principados, las potestades, los dominadores de este mundo tenebroso y los espíritus del mal que están en el aire» (Efesios 6, 12). Por medio de todos nuestros queridos sacerdotes que están verdaderamente dedicados a la salvación de las almas, se alienta a los fieles a «tomar las armas de Dios» (Efesios 6, 13) y que encuentren paz en los brazos protectores de la Iglesia. Que el Espíritu Santo los recompense y continúe bendiciendo su ministerio.

Prefacio

Matando Dragones es un libro que nunca pensé escribir. Aunque a lo largo de mi vida a veces me interesaron temas como los de la demonología, nunca fueron cosas en las que profundicé. Cuando pienso en el pasado, es curioso que los detalles del combate espiritual nunca me hayan sido expresados, excepto en conversaciones casuales con sacerdotes amigos. Lo que me llevó a escribir este libro fue simplemente la Divina Providencia. En los últimos años, guiar a estudiantes de secundaria en las verdades y realidades de la fe, el combate espiritual y los detalles del exorcismo se hizo más relevante para mí. Seguí este nuevo sentido de urgencia y comencé mis estudios. Una vez iniciado ese proceso, supe rápidamente que como profesor y escritor, debía convertir toda esta sabiduría espiritual extraordinaria en un libro para que otros lo pudieran acceder más fácilmente.

Este libro aborda un aspecto de la vida espiritual de cada católico que es delicado y vital de comprender adecuadamente. Aunque estoy entrenado en la doctrina de Fe, no soy exorcista, ni he ayudado a los exorcistas en ninguna parte de su ministerio. Incluso si estuviera interesado, parece que la mayoría de los exorcistas prudentemente no aceptan ayuda de laicos jóvenes o que todavía tienen hijos en casa. Dicho esto, creo que nuestro Señor, a través de su Providencia en mi vida, me preparó para asumir la tarea de escribir este libro. Después de mi regreso a la Fe, que describiré brevemente a continuación, consideré el sacerdocio durante nueve años. En ese proceso, completé tres años de pasantías en diferentes parroquias diocesanas, tres semestres de seminario y un programa intensivo de verano de diez semanas de formación espiritual. Después de discernir que nuestro Señor no me estaba llamando al sacerdocio, comencé y terminé una Maestría en Teología.[1]

---

[1] Leer el prólogo para más detalles.

MATANDO DRAGONES

Esos años de mi vida me ayudaron a entablar amistad con innumerables sacerdotes de todas las regiones de la costa este de los Estados Unidos de América y a pasar tiempo con ellos preguntándoles todo lo que se me ocurría sobre la vida de un católico, ampliando de manera única mi comprensión de nuestra Fe.

Este libro

Este libro, actualmente en su *Segunda Edición* en inglés, tiene una larga historia que comenzó con el estudio de las conferencias publicadas del padre Chad Ripperger. Por lo que he notado, hay más charlas y conferencias disponibles en la Internet de este exorcista que de cualquier otro exorcista en el país. Como resultado, pasé la mayor parte del año viendo y estudiando cada presentación que encontraba relacionada con la batalla espiritual. Mi intención original era recopilar la sabiduría de exorcistas y santos en un libro como parte de un pequeño proyecto empresarial católico que estaba considerando en ese momento.

Una vez que me sumergí en estas enseñanzas, mi curso cambió. Me sentí obligado no solo a compartir con mis alumnos todo lo que aprendía, sino también a tomar mis notas y organizarlas en un libro. Esto se convirtió en una fascinante recopilación de enseñanzas de este excelente exorcista. Después de ver la atracción y necesidad entre los fieles de un libro de este tipo, decidí expandir en gran medida esa versión original y volver a publicarla como esta *edición*.

El presente libro, entonces, se inspira realmente en las enseñanzas del padre Ripperger. Estas forman la estructura básica del libro. Fue a partir del estudio de sus enseñanzas que decidí sobre el diseño del libro —incluyendo los principales temas y capítulos– y la dirección a la que llevaría al lector este material.

La *Segunda Edición* mantiene la estructura original y se desarrolla en ella. Esta edición ya no trata únicamente sobre un exorcista, sino que incorpora las enseñanzas de por lo menos doce exorcistas y los escritos de muchos santos y doctores de la Iglesia. Como resultado, esta *edición* es una presentación más profunda, rica, exhaustiva, completa y esclarecedora del mismo material de la edición anterior.

Uno de los frutos de este trabajo adicional es la evidencia de que el padre Ripperger no está solo en su visión de la batalla espiritual en

Prefacio

la que todos nos encontramos. Los sacerdotes y obispos de todo el mundo ven exactamente lo que él ve. En mi investigación para esta *Segunda Edición*, seguí comentándome «¡Todos dicen lo mismo!» Aunque hay algunos detalles sobre los que los exorcistas debaten, están de acuerdo en casi todo lo demás. También dejan claro que el mundo de lo diabólico es misterioso, y que los exorcistas confían en una comunidad y una red que los apoye y ayude a comprender la mejor manera de luchar contra los demonios y liberar a las almas de sus manos.

Un fruto, entre muchos, que este libro puede producir es una nueva apreciación y comprensión de lo que los exorcistas padecen al realizar este trabajo tan importante de salvar almas. Dios está llamando a la Iglesia a formar más exorcistas, pero cuando un obispo elige a un sacerdote, la mayoría de las veces es una batalla cuesta arriba obtener el conocimiento y la confianza necesaria para cumplir con este ministerio.

El autor

Sería beneficioso compartir un poco de antecedentes y mi interés sobre el material cubierto en este libro, ya que estos temas no son ajenos a mi propia vida. Disfruté de una infancia que tendió a la depresión desde una edad muy temprana, que culminó en una profunda depresión y aguda ansiedad al final de la secundaria e inicio de la universidad. Esta tendencia a la depresión, sin una base firme de fe, me llevó a obsesionarme frecuentemente en temas y pensamientos oscuros, hasta el punto de preferir historias que giraban en torno a temas similares, como el mal, la brujería, las películas de terror y lo diabólico. Mi cumpleaños es el treinta de octubre y, durante mi juventud, disfruté este hecho porque sentía que me conectaba con la cultura oscura unida a la celebración moderna de *Halloween*. Afortunadamente, nunca me convertí en una persona «gótica» y mi nivel de curiosidad estaba restringido por una fuerte sensación de miedo, por lo que nunca incursioné profundamente en el ocultismo. A pesar de eso, en mi juventud, estuve más abierto y curioso a las realidades espirituales prohibidas de lo que debería haber estado.

En mi peor momento de depresión y ansiedad, cuando sentí que no podía caer más profundo dentro de la miseria en la que me encontraba, nuestro Señor intercedió de manera milagrosa y me comunicó que no me había abandonado, contrario a lo que yo había creído. Como resultado de ese conocimiento, volví a la práctica de la Fe, en la que no había pensado mucho antes de ese momento y que con indiferencia había abandonado durante el año y medio después de mi graduación de secundaria. Justo después de un año de regresar a la Fe, asistía a Misa diaria y a Confesión regularmente. Tan pronto como llegué a ese punto, donde ahora la Fe era parte central en mi vida, y tuve claro que siempre debía permanecer en estado de gracia, nuestro Señor comenzó a concederme grandes favores.

Estos grandes favores podrían describirse en dos temas: sueños y gozo. Reflexionando ahora, parece que nuestro Señor estaba reconstruyendo mi imaginación con estas dos gracias. Durante una década y media había permitido que pensamientos oscuros ocuparan mis sueños y mi imaginación, y esto necesitaba ser purificado. Al parecer, la mejor manera de hacer esto era inundar mi imaginación con imágenes del amor de nuestro Señor en diversas formas. El gozo que acompañó esto fue como una intoxicación del Espíritu Santo: no hay otra manera de describirlo. El efecto fue una paz fuerte, duradera, vivificante y esclarecedora, que me transformó por completo de la persona deprimida y ansiosa que había sido anteriormente. Cuanto más me acercaba a nuestro Señor en actos piadosos y elecciones concretas que anclaban mi salvación más profundamente en él, más intenso se hacía este gozo. El gozo condujo al deseo de pensar constantemente en nuestro Señor, incluso hasta el punto de estar realmente distraído por él mientras transcurría el día.

Esta preocupación sobrenatural se manifestó también en mis sueños. Estos sueños, la mayoría de las veces, tenían una naturaleza profética y han permanecido claros en mi memoria durante los últimos dieciocho años. Eran tan reales y verdaderos que a menudo los confundía con recuerdos de mi vida diaria. Incluían, entre otras cosas, estar en íntima amistad con los apóstoles, san Francisco de Asís, muchas veces con san Pío de Pietrelcina y numerosas veces con nuestro Señor y la Santísima Virgen. Cada sueño trajo consigo una comprensión de la vida espiritual y el amor de nuestro Señor, a menudo acompañado de una gracia particular que era necesaria para mi crecimiento espiritual.

Además de esto, y relevante para este libro, experimenté lo que siempre he referido como los «sueños del diablo». Se trata de una serie

Prefacio

de cinco o más sueños, durante un período de tres años, cada uno espaciado por muchos meses. A pesar del tiempo entre ellos, cada sueño se basa en el anterior, produciendo una sola historia al final. Independientemente de si estos sueños eran de nuestro Señor o del diablo, destacaron el hecho de que el maligno me persiguió y trató de seducirme prometiéndome poder y éxito terrenal, pero también se volvería contra mí sí me resistía a sus propuestas.

Siendo esta la bienvenida que nuestro Señor me dio cuando regresé a la Fe, la batalla espiritual en la que estamos todos ocupó un lugar central en mi mente e intereses. El trayecto a partir de este punto fue arduo, lleno de incidentes y condujo a un esfuerzo prolongado para llegar al seminario, que había consumido mis deseos desde el primer momento de mi regreso a la Fe. Después de nueve años, mientras finalmente cursaba el tercer semestre de seminario, claramente discerní que nuestro Señor no quería que yo fuera sacerdote, contrario a lo que había pensado y deseado. A los cuatro meses de aceptar este hecho y actuar en consecuencia, mi vida comenzó a tener sentido. Conocí a la mujer con la que me casaría, me embarqué en mi Maestría en Teología, comencé a enseñar en una escuela católica y luego fui contratado como maestro fundador de Teología en una nueva escuela secundaria católica.

Providencialmente, los últimos ocho años en mi cargo más reciente me llevaron a un estudio más profundo de las enseñanzas de la Iglesia y los hechos reales con respecto a la guerra espiritual. Ahora mi mente estaba obteniendo la claridad necesaria de un tema que durante mucho tiempo había sido realmente relevante para mí. A medida que aprendía más al respecto, deseaba compartirlo con todos. Debido al aumento del rechazo de la fe y la aceptación del mal, es importante que las personas sepan lo que realmente está sucediendo en el campo espiritual y material. La batalla espiritual realmente no se limita a lo invisible, sino que se manifiesta aquí con toda su fuerza.

Los exorcistas

En este libro se incluyen las enseñanzas y declaraciones de los siguientes exorcistas, enumerados según la frecuencia de aparición en el libro:

MATANDO DRAGONES

+ **Padre Chad Ripperger**, sacerdote y exorcista de la Arquidiócesis de Denver, Colorado, y fundador de *Doloran Fathers*. Su apostolado también incluye la organización: *Sensus Traditionis*, donde también se pueden encontrar muchas de sus conferencias.
+ **Padre Gabriele Amorth**, renombrado exorcista italiano y fundador de la Asociación Internacional de Exorcistas.
+ **Padre José Antonio Fortea**, sacerdote y exorcista de la Diócesis de Alcalá de Henares (Madrid), España.
+ **Padre Gary Thomas**, sacerdote de la Diócesis de San José, California y exorcista cuyo entrenamiento en Roma fue el tema del libro: *The Rite: The Making of a Modern Exorcist* (El rito: formando un exorcista moderno) escrito por Matt Baglio.
+ **Padre Jeffrey Grob**, sacerdote y exorcista de la Arquidiócesis de Chicago.

Exorcistas adicionales a los que se hace referencia:

+ **Padre Piero Catalano**, discípulo del padre Amorth, sacerdote y exorcista de la Diócesis de Reggio Calabria, Italia.
+ **Padre Paolo Carlin**, sacerdote y exorcista de la Diócesis de Faenza-Modigliana, Italia.
+ **Padre Randall Weber**, sacerdote y exorcista de la Diócesis de Salina, Kansas.
+ **Padre Cesare Truqui**, sacerdote y exorcista de la Diócesis de Chur, Suiza.
+ **Monseñor John Esseff**, sacerdote y exorcista de la Diócesis de Scranton, Pensilvania, y fundador de *Pope Leo XIII Institute* (Instituto del papa León XIII)

Aquellos quienes trabajan en el ministerio de liberación:

+ **Padre Carlos Martins**, sacerdote de los Compañeros de la Cruz y organizador de Tesoros de la Iglesia.
+ **Adam Blai**, laico, experto de demonología religiosa y exorcismo para la Diócesis de Pittsburgh, Pensilvania.

Introducción

Todo el que esté atento a los asuntos espirituales en este momento de la historia del mundo está consciente de que las cosas están bastante desestabilizadas. La práctica de la fe cristiana está muriendo en la mayor parte del mundo. La mayoría de los católicos no cree en las enseñanzas de la Iglesia y ni siquiera asiste regularmente a Misa dominical. Muchos católicos, además de muchos protestantes, están rindiéndose ante el espíritu mundano y están aceptando como buenos aquellos actos que siempre han sido vistos como gravemente inmorales. Los exorcismos, y su demanda, están en aumento en todo el mundo. En los Estados Unidos de América, el número de seguidores del paganismo y la brujería ha aumentado a cifras que superan el número de presbiterianos registrados. Los satanistas se sienten bastante cómodos a la luz del público y han demostrado que las leyes estadounidenses no tienen poder para detener la propagación de este mal en los sectores públicos de nuestra sociedad.[1]

En medio de esta tormenta perfecta, muchos líderes de la Iglesia han demostrado no estar dispuestos a enseñar la plenitud de las tradiciones de la Iglesia en asuntos de creencias y prácticas. Como resultado, la mayoría de los católicos no cree, ni siquiera piensa dos veces en la existencia del diablo o la guerra espiritual, a pesar de que la Sagrada Escritura está llena de referencias en este aspecto de nuestra vida espiritual. Además, debido al creciente número de católicos que viven y permanecen en estado de pecado mortal,[2] la exposición a la influencia diabólica es extremadamente alta. Sin embargo, estos católicos desconocen por completo el peligro espiritual en el que se

---

[1] Cubierto en el Capítulo 11.
[2] Debido al descuido generalizado en la práctica de la Fe, esp. asistencia a Misa, Confesión y moral sexual.

encuentran y las armas que pueden usar para protegerse y combatir a los demonios que los persiguen.

A pesar de esta ignorancia, los sacerdotes que han mantenido las tradiciones sagradas de nuestra Fe están utilizando medios modernos de comunicación para proclamar todas las verdades liberadoras que los fieles necesitan saber. Es de particular interés para nosotros aquí, en este libro, el trabajo de los muchos exorcistas que han dado a los fieles innumerables charlas, conferencias y libros sobre la batalla espiritual y el exorcismo, y que han permitido que estén disponibles en la Internet en formatos de audio y video. Recopilando las enseñanzas de al menos doce exorcistas y muchos santos y doctores de la Iglesia, este libro transmite los asuntos críticos de la guerra espiritual, tanto en la enseñanza como en la aplicación práctica para la instrucción de los laicos que desean saber más sobre las complejidades de nuestra batalla contra Satanás y sus demonios.

La actividad de los demonios a menudo se desestima como algo en lo que no debemos enfocarnos. Si bien esto es cierto en el sentido de evitar una obsesión con este tema oscuro, es falso si hace que evitemos atribuir algo, en relación con nuestra vida espiritual, al trabajo de los demonios. Es un hecho de nuestra santa Fe que el demonio nos persigue y trata de alejarnos sutilmente de Dios, de formas que a menudo son difíciles de detectar. El es una de las tres fuentes de tentación: el mundo, la carne y el demonio. El mundo caído es una institución del mal que transmite sus propios lemas y filosofía, y aleja a los hombres de la adoración a Dios. Nuestra carne está caída, herida y a causa de la concupiscencia, inclinada al pecado y al rechazo a Dios prefiriéndose a uno mismo. Los demonios son seres reales y personales que libremente eligieron rechazar a Dios y ahora están obsesionados con oponerse a todo lo que es bueno, en particular su esfuerzo por salvar a la humanidad con su misericordia.

La tentación ocurre en varios niveles: por las creencias prevalecientes de nuestra familia, amigos y la sociedad en general; por nuestra carne con sus antojos desordenados y elecciones irracionales; y por los demonios que nos han estudiado y buscan alentar nuestras fallas y debilidades. En medio de esta tormenta, la Iglesia brilla como un rayo de verdad, claridad y libertad. La luz que transmite al mundo, dispersa a los demonios, ilumina el intelecto y purifica la carne. No solo en sus

Introducción

enseñanzas, sino también en sus Sacramentos y sacramentales, la Iglesia le da al hombre lo que se necesita para liberarse del dominio del mal, tanto interna como externamente.

Desafortunadamente, en esta era de la Iglesia, mucho de lo que una vez fue atesorado y colocado como un elemento fijo en la vida católica se ha perdido y olvidado. Esto incluye no solo la sabiduría de los maestros espirituales, sino también el conocimiento y la prudencia de recurrir a los sacramentales que nos ayudan en nuestra batalla. Siguiendo el ejemplo de nuestro Señor y prestando atención a sus mandamientos y los de su Madre, la Iglesia bendice ciertas cosas naturales y las deja a un lado para uso sagrado. Esto incluye, entre otras cosas: agua, sal, aceite, cruces, velas, rosarios, medallas, imágenes, estatuas, incienso y hojas de palma. Estos artículos reciben bendiciones que prometen efectos poderosos para los fieles que los usan con fe y devoción. Lamentablemente, muy pocos católicos han oído hablar de ellos y aún son menos los que realmente los usan e incorporan en sus vidas.

Algunos pueden preguntarse cuál es el beneficio de saber qué sucede dentro de un exorcismo. Si bien para algunos puede ser un poco espeluznante, es importante saber lo que los demonios son capaces de hacer. Los demonios que se manifiestan y hablan directamente al exorcista a través de la persona poseída son los mismos demonios que susurran invisiblemente en nuestro intelecto para tentarnos al pecado. Esos demonios desean empujarnos lenta, astuta y sutilmente, hasta que cometamos un pecado mortal. En ese punto, buscan cavar sus garras negras en nuestra carne y permanecer con nosotros. Finalmente, están tratando de poseernos; aunque, como aprenderá el lector, Dios rara vez les permite hacerlo. Los demonios se conformarán con lo que se llama obsesión diabólica, donde pueden entrar en el intelecto de una manera poderosa y bombardear a la persona con una variedad de pensamientos, todos destinados a alejarla de Dios.

La presencia y persistencia del maligno y sus muchas legiones no es un tema debatido entre los fieles en la Iglesia de hoy. Se reconoce ampliamente que la actividad diabólica está en aumento, tanto por el hecho de que las personas se están alineando más con el satanismo y la brujería, como por el hecho de que cada vez más personas se ven obligadas a buscar exorcistas para su rescate y liberación.

MATANDO DRAGONES

Conozca a su enemigo: sus tácticas, sus motivos, su naturaleza, su origen, su objetivo, su lenguaje, su red, sus fortalezas y sus debilidades. Una vez que obtenga este conocimiento, puede predecir con mayor eficacia el comportamiento de su enemigo, reconocer sus trampas, utilizar las medidas preventivas adecuadas contra él y ahuyentarlo cuando persista.

Lo que será de mayor utilidad para los católicos es tener sabiduría para proteger su vida espiritual de estos demonios agresivos y determinados.

Capítulo 1

Motivación y táctica de los demonios

Nuestro Señor es el Rey sobre toda la creación, incluido el mundo angélico. Como resultado, los demonios solo pueden hacer las cosas que nuestro Señor les permite. Sin embargo, como nosotros, los demonios son criaturas con intelecto y libre albedrío; y pueden elegir la forma en que inicialmente y, en cierta medida, continuamente, se rebelan contra Dios. También son capaces de diseñar sus propios protocolos de ataque mientras buscan llevar a la humanidad al infierno con ellos.

Los exorcistas aprenden mucho de lo que saben los demonios durante el tiempo que pasan interactuando con ellos en los exorcismos. Los demonios hablan y los exorcistas han contado que incluso pueden hacer que los demonios dialoguen entre sí durante un exorcismo. Los exorcistas han aprendido que los demonios trabajarán juntos para lograr su objetivo, no por un sentido de fraternidad, sino solo porque tienen un odio común hacia Dios. Es frecuente que una persona esté poseída por más de un demonio al mismo tiempo. El exorcista escuchará atentamente para descubrir las pistas sobre las debilidades del demonio(s) y usará eso contra ellos en el proceso de liberación de la persona.

Cuando hay múltiples demonios, se encuentran en un orden jerárquico, muy parecido a una unidad militar. A medida que el exorcismo progresa exitosamente, los demonios más débiles se irán primero, pero el demonio superior buscará quedarse.[1] Un demonio más débil se irá para evitar el sufrimiento del exorcismo. A veces, el demonio incluso dejará claro al exorcista que no fue él quien lo echó, sino que se fue solo porque quería irse.[2]

---

[1] Amorth, 68-9
[2] Fortea, 109

MATANDO DRAGONES

Es fundamental comprender la motivación de los demonios: soberbia, posesividad y venganza. En su soberbia eterna, los demonios han perdido todas las cosas buenas de Dios y lo han rechazado de una manera irrevocable y más allá del perdón. Como el padre José Antonio Fortea ha visto, la capacidad de amar ha sido aniquilada en la sicología de un demonio.[3] Contrario a los demonios, al hombre, por la misericordia de Dios, se le ha ofrecido arrepentimiento en esta vida. La negación a ofrecer misericordia a los demonios «no es un defecto de la infinita misericordia divina», sino que señala el «carácter irrevocable de su elección».[4] San Juan Damasceno dice: «No hay arrepentimiento para los ángeles después de su caída, así como no hay arrepentimiento para los hombres después de la muerte».[5]

Como resultado, los demonios se resienten aún más con los hombres y desean llevarnos a todos al infierno para que suframos su propio castigo de la misma manera. Sus malignos motivos iniciales, causantes de su caída, son muchos e incluyen cosas como el disgusto a la Encarnación y su negativa a someterse a la Santísima Virgen María como su Reina.[6] No hay amor dentro de los demonios, y su voluntad está completamente en contra de la verdad.[7] El padre Fortea dice que el corazón de un demonio solo odia y se deleita en el sufrimiento de los demás.[8] Sin embargo, los demonios son muy inteligentes y conocen bien nuestras debilidades. Es nuestra tarea librar la guerra contra ellos y darnos cuenta que no dejarán de buscar nuestra ruina hasta que nuestras almas hayan partido hacia el Juicio.[9]

Los demonios poseen a las personas por una razón: para causarles sufrimiento. Asumen el riesgo de que al finalizar la posesión, la persona llegue a ser más santa, pero aun así lo hacen porque lo que más desean es verla sufrir.[10] Como cayeron en desgracia, no poseen virtud, la cual les haría pensar dos veces antes de poseer a una persona. Como el padre

---

[3] Fortea, 18
[4] CIC 393
[5] Ibidem
[6] Ripperger #5
[7] Juan 8, 44
[8] Fortea, 18
[9] Al popular bloguero, padre Z, le gusta comparar las redes de los demonios con la Agencia de Seguridad Nacional (*NSA* por sus siglas en inglés). Si la *NSA* puede recopilar tanta información como sabemos que puede, imagine cuánto más pueden recopilar los demonios.
[10] Fortea, 18

Motivación y tácticas de los demonios

Ripperger describe, los demonios a menudo estarán atrapados en una posesión que nuestro Señor sabe que solo los humillará y santificará a la persona involucrada. Pero el demonio no puede resistir.[11] Está esclavizado a su voluntad, la cual está fijada en el mal que eligió y busca la satisfacción inmediata del daño que puede infligir.[12]

Si bien son mucho más inteligentes que nosotros, los intelectos de los ángeles rebeldes fueron deformados y oscurecidos por las mismas razones que usaron para justificar la rebelión de su voluntad contra Dios.[13] Santo Tomás de Aquino dice: «Aunque están oscurecidos por la privación de la luz de la gracia, están iluminados por la luz de su naturaleza intelectual».[14] Al discutir sobre sus intelectos, es fascinante pensar en el hecho que los demonios no nos tientan en todo momento, como menciona el padre Fortea. Él dice que la mayor parte del tiempo se la pasan pensando[15]. Como todavía perciben el orden del mundo tal como lo establece el Creador, el pensamiento de los demonios los conduce a menudo al sufrimiento, cuando inevitablemente sus reflexiones los llevan a pensar en Dios.[16]

Los demonios saben que están condenados y que serán sentenciados y encadenados en el infierno el Día del Juicio. En el infierno, sin embargo, derramarán su ira sobre todos los habitantes de esa miserable morada. San Alfonso Ligorio afirma que en nuestro Juicio, el diablo será el primero en acusarnos. Citando a san Agustín, dice que el diablo «nos recordará cuanto hemos hecho, el día, la hora en que hemos pecado».[17] Esta será la culminación de las obras de Satanás y sus demonios. A lo largo de nuestra vida, buscan ponernos trampas y hacernos tropezar. Nos echan toda la culpa y nos lo reprochan para destrozarnos con el remordimiento.

Para lograr esto, nos ofrecen bienes mundanos a cambio de nuestro consentimiento para pecar y rechazar a Dios. Esto puede suceder de manera muy común y oculta, tal como la atracción general al mundo y sus muchos deleites. También puede ocurrir en la etapa de la tentación

---

[11] Ripperger #7
[12] Fortea, 84
[13] Fortea, 8-9
[14] *Suma Teológica I*, C64, A1
[15] Fortea, 15
[16] Ibídem
[17] *Preparación para la muerte*

diabólica llamada subyugación, que el individuo elige libremente.[18] Muchos en Hollywood han aceptado las promesas del diablo de esta manera; algunos sospechan de Bob Dylan,[19] quien habló de esa manera en una entrevista televisada, al igual que John Lennon.[20] Al final, incluso en esta vida, si el individuo va en contra de su pacto con el demonio, con el tiempo, este se volverá en contra del que ha engañado, porque el demonio es un mentiroso –es el padre de las mentiras.[21]

Como los demonios son criaturas, en última instancia son débiles en comparación con Dios y están bajo el dominio de Dios al igual que cualquier otra cosa que ha creado. Se les permite llevar a cabo sus acciones como parte del plan de Dios y solo de acuerdo con el plan de Dios. Esto es parte de la voluntad permisiva de Dios, donde tolera un mal para traer, a través de él, un bien mucho mayor.[22] Por lo tanto, están mucho más restringidos de lo que desearían y de lo que tendemos a pensar. Según santo Tomás de Aquino, el ángel guardián de un hombre es incluso más poderoso que el mismo Diablo. Esto se debe al poder de la gracia, que fue otorgada a los santos ángeles después de la prueba que acompañó la primera instancia de su existencia. Esto también se puede entender al reflexionar sobre la santidad de la Virgen María. Por naturaleza, ella es inferior a los ángeles; por gracia, es la Reina de los Ángeles; y los demonios huyen de miedo ante la simple mención de su nombre.[23]

Los demonios no poseen el tipo, la cantidad ni la profundidad del conocimiento que tienen los ángeles que son fieles al Señor. A veces nuestro miedo a los demonios nos lleva a olvidar este detalle. Este conocimiento está relacionado con el don de la gracia santificante y la posesión de la gloria que los demonios perdieron al rechazar a Dios. Los santos ángeles ya están en el estado en el cual estaremos si merecemos el cielo. Es por eso que nuestros ángeles guardianes son incluso más poderosos que el Diablo. Además, como atestiguan los exorcistas, cuando los demonios se manifiestan en las personas a las que poseen,

---

[18] Ripperger #3
[19] Leer la sección *El satanismo muy cómodo en público* del Capítulo 11.
[20] Leer la sección *Subyugación* del Capítulo 3. Los exorcistas ven a menudo esta realidad. Se dan ejemplos a lo largo del libro.
[21] Juan 8, 44
[22] Romanos 8, 28
[23] *Las glorias de María,* haciendo referencia a san Buenaventura.

Motivación y tácticas de los demonios

a menudo lo hacen de forma brutal.[24] Están atrapados en un estado deficiente y reducido, en el cual carecen de dignidad propia como seres angélicos. El número asignado a la Bestia en el Libro de Apocalipsis –666– refleja esta imperfección permanente, ya que está justo debajo de 777 que es una trinidad de perfección, numéricamente hablando.

Caída de los demonios

Cuando los demonios cayeron, cada uno lo hizo de una manera que implicó un rechazo a Cristo por una u otra razón. Es la creencia teológica común que los ángeles, en el primer momento de su existencia, fueron probados en su fidelidad a Dios y al plan que Dios tenía para el mundo creado. Según san Luis de Montfort, Satanás cayó como resultado de la revelación de la perfección de la Santísima Virgen María,[25] quien ganó con humildad lo que él perdió por soberbia. Como dice en uno de sus himnos, hablando por el diablo que se enfurece contra los elegidos: «Estoy indignado, estoy furioso... porque esta alma ha heredado lo que perdí en el Cielo».[26] Esta perfección la colocaría por encima de todos los ángeles, incluido el mismo Satanás. Así, no solo tendría que servir a Dios, sino a nuestra Señora como su Reina. Otros demonios se rebelaron y cayeron principalmente por oponerse a la misericordia que Cristo mostraría a la humanidad.[27]

Cada espíritu individual percibió directamente y entendió claramente la revelación de Dios. Llegó a ellos de inmediato y con perfecta claridad. Este tipo de percepción intelectual es muy superior a la del hombre. No hubo demora en su respuesta. Como dice santo Tomás: «El diablo pecó inmediatamente después del primer instante de su creación».[28] Los espíritus sabían lo que significaba decir «sí» o «no» a la revelación de Dios. Todos estos factores hicieron permanente la decisión de estos espíritus. A cada uno se le asignó un deber que cumplir y eso fue lo que aceptaron o rechazaron. Este es el pecado que causó su caída y que también se describe en sus nombres.[29] Este pecado también

---

[24] Leer el ejemplo en la sección *Afectando al mundo físico* de este Capítulo.
[25] Ripperger #3
[26] San Luis de Montfort, *Himnos,* 127:74
[27] Ripperger #3
[28] *Suma Teológica I,* C 63, A6
[29] Ripperger #3

inspira su comportamiento, cuyo conocimiento es un arma clave para el exorcista.

Todos los espíritus fueron creados en un orden jerárquico. Hay nueve coros de espíritus, el más grande es el coro de los Serafines, que significa «ardientes», que están en la presencia de Dios de tal manera que arden con la gloria que él posee. Los menores de los espíritus son los del coro de los ángeles. Santo Tomás enseña que nuestros ángeles guardianes son tomados de este coro.[30] La caída de los espíritus resultó en tronos vacíos en la jerarquía de la gracia que Dios tiende a llenar con los santos, cuyos grados de santidad determinan en qué lugar del orden de gracia serán colocados. Este es el número de los «elegidos» a quienes Cristo salvará al derramar su Preciosa Sangre. Los santos esencialmente reemplazarán a los demonios en esta jerarquía.[31] Esto también ayuda a explicar el veneno con el que actúan demonios específicos contra nosotros, ya que saben que, si estamos salvados, «robaremos» el trono que se les había ofrecido primero a ellos.

Organización

Una vez sabiendo que los espíritus fueron creados en orden de jerarquía, no sería de sorprenderse que el reino demoníaco se describa como una «red criminal» organizada, por así decirlo. De acuerdo con el padre Ripperger, los exorcistas han percibido a través de su trabajo, que bajo Satanás hay un consejo de cinco demonios que ejecutan sus órdenes. Estos son: Baal, Asmodeo, Lilit, Leviatán y Bafometo. Los pecados que se atribuyen a estos cinco demonios son la fornicación, la homosexualidad y el aborto, los cuales están firmemente establecidos en nuestra cultura.[32] Él dice que muchas posesiones se producen a través de estos pecados. Como se discutirá en el último capítulo, Bafometo es el demonio al que los satanistas modernos están dando especial atención.[33]

El padre Fortea dice que esta red demoníaca es una de las tres cosas en las que los demonios enfocan la mayor parte de su tiempo. Además

---

[30] *Suma Teológica I*, C. 113, A3
[31] «Igualdad con los ángeles se le promete a los santos» *Suma Teológica I*, C. 62, A5
[32] Ripperger #11. Leer la sección *Pecados de entrada* del Capítulo 8 para más detalle.
[33] Leer la sección *El satanismo muy cómodo en público* del Capítulo 11.

Motivación y tácticas de los demonios

de profundizar en el conocimiento y tentar a las personas, los demonios también tienen relaciones entre ellos. Estas relaciones, por supuesto, no están afianzadas en lazos de amor, pero los demonios encuentran cierto placer en estas comunicaciones y en el trabajo compartido de tentar a la humanidad.[34] Con respecto a las posesiones, los demonios más fuertes pueden controlar a los demonios inferiores y prevenirles que dejen una posesión, incluso si los demonios inferiores están sufriendo y quieren irse.[35]

El padre Ripperger afirma que los demonios son muy sensibles a cómo son percibidos por otros demonios. Durante los exorcismos, cuando el demonio está perdiendo el control del poseído y está a punto de ser expulsado, a menudo actúa de forma que revela que está preocupado por la humillación y el ridículo que sufrirá ante los otros demonios. Él dice que están más preocupados por esto, que por el dolor que soportan por el rito mismo del exorcismo.[36] Esto refleja lo que el padre Fortea dice que los demonios tienen relaciones sociales realmente complejas.[37]

El método de ataque también está bastante organizado. El padre Ripperger enseña que mientras Dios asigna un ángel guardián adicional a una familia constituida sacramentalmente, Satanás también parece asignar un demonio para tentarla.[38] El padre Gary Thomas también habla sobre Satanás asignando demonios a las personas.[39] Sin embargo, debemos recordar que el ángel está realizando una tarea permanente que Dios mismo le dio. El demonio asignado por Satanás está ahí por un espíritu de rebelión contra Dios. Como resultado, el demonio puede ser eliminado, a menos que Dios permita que permanezca, a pesar de las oraciones y protestas de la sagrada familia o persona santa que aflige, como vemos en el caso de san Pablo.[40]

Cuando los demonios atacan a una familia o a una persona, un demonio más fuerte envía primero a uno más débil para que comience su ataque. Una vez que esto haya tenido éxito, llegará el demonio más

---

[34] Fortea, 12
[35] Fortea, 10
[36] Ripperger #6
[37] Fortea, 12
[38] Ripperger #7
[39] Thomas #2
[40] 2 Corintios 12, 7-8

MATANDO DRAGONES

fuerte.[41] Esto es similar a lo que dijo nuestro Señor sobre el regreso del demonio una vez que es expulsado de un hombre. Después de deambular, regresa para tratar de recuperar al hombre. Si eso no es posible, llama a siete demonios más fuertes que él para terminar la tarea.[42]

Los demonios tienden a aferrarse a las familias y moverse a través de la línea familiar. Esto se llama espíritu generacional. La Sagrada Escritura señala estos espíritus en diferentes partes, tanto en el Antiguo Testamento como en el Nuevo. Por ejemplo, en el Antiguo Testamento, vemos que se hace referencia a un pasaje donde el Señor permite un castigo sobre los hijos a causa de la maldad del padre hasta «la tercera y la cuarta generación».[43] Vemos este espíritu generacional manifestado como en la historia del muchacho que es presentado a nuestro Señor por su padre.[44] El padre afirma que el demonio había molestado al muchacho desde la infancia. Santo Tomás relata el comentario de san Beda sobre este pasaje diciendo: «¿Qué hizo, pues, este muchacho para que desde la infancia el demonio le atormentase tan cruelmente, si no hubiese tenido la mancha del pecado original sobre sí?»[45] El muchacho es atormentado «desde la infancia» como consecuencia del pecado original. San Luis de Montfort alude a esta realidad en su descripción de los efectos de la desobediencia de Eva. Él dice: «Eva, al obedecer a la serpiente, se hizo causa de perdición para sí y para todos sus hijos, entregándolos a Satanás».[46]

El padre Ripperger dice que estos espíritus también pueden dedicarse a cierta familia durante muchas generaciones o a una generación cultural (como los *«hippies»*), o a un país de manera intelectual (como la Alemania nazi).[47] El padre Gabriele Amorth dijo en una entrevista que el diablo puede poseer a grupos de personas, no solo individuos. Él dijo que está convencido, por ejemplo, que los nazis estaban poseídos por el demonio. Si piensa en el tipo de maldad que cometieron Stalin o Hitler –desde luego que estaban poseídos por el demonio.[48]

---

[41] Ripperger #8
[42] Mateo 12, 45
[43] Éxodo 20, 5. Para mayor consideración de la misericordia de Dios, lea Deuteronomio 7, 9.
[44] Marcos 9, 21
[45] *Catena Aurea* – Evangelio de san Marcos, Capítulo 9
[46] *La verdadera devoción,* 53
[47] Ripperger #8
[48] https://catholicherald.co.uk/prominent-exorcist-who-criticised-harry-potter-and-yoga-dies-at-91/

Motivación y tácticas de los demonios

Principios rectores

A pesar de rechazar todo lo que es bueno y santo, los demonios todavía tienen principios que aprecian.[49] El primero y principal, sobre el cual el padre Ripperger afirma que son intensamente escrupulosos es: «Cualquier cosa excepto Dios». Este principio es exactamente opuesto al principio que debe guiar a aquellos que desean ser santos, el cual, según san Alfonso, debe ser «que todo se pierda, siempre que Dios no se pierda».[50] El consejo espiritual que da el padre Ripperger es no pasar tanto tiempo pensando y analizándose a sí mismo y su pecado, sino pensar en Dios tanto como sea posible. Como dice el exorcista, monseñor John Esseff: «El pecado es mucho peor que Satanás».[51] Es la desconexión con Dios lo que nos lleva a confiar en nosotros mismos, lo que inevitablemente nos conduce al pecado y a la pérdida de Dios.

Los demonios también atesoran la idea: cualquier cosa menos moderación.[52] Esta es la razón por la cual los demonios llevan a las personas a comportamientos extremos, siendo la virtud el punto medio de estos dos extremos. El padre Ripperger dice que para un hombre pecador, será una tentación excederse en el uso de un bien mundano; mientras que para alguien que busca erradicar un apego desordenado, en lugar de moderar el uso de ese bien, los demonios lo llevarán a la abstinencia total del mismo. Como también explica el padre Ripperger, Dios recibe gloria cuando disfrutamos de las cosas que ha creado. Los demonios envidian lo que tenemos y quieren robar todo el gozo que podemos encontrar en este mundo. Por lo tanto, nos alejan de cualquier tipo de moderación y nos empujan hacia la indulgencia excesiva o la abstinencia total. Lo que necesitamos en todo momento es virtud. La virtud, como su significado literal implica, es una herramienta poderosa para nuestra salud y santidad.

Los demonios también se guían por el principio de división. Como el padre Amorth dice: las guerras y la división de las almas son signos inequívocos de la presencia del diablo, que no por casualidad en griego

---

[49] Ripperger #6
[50] *Preparación para la muerte*
[51] http://www.ncregister.com/blog/armstrong/exorcist-says-this-problem-is-far-worse-than-satan
[52] Ripperger #6

significa «divisor».⁵³ Buscan por todos los medios posibles dividir mediante la manipulación de cómo percibimos a los demás; a través de la mentira, afirmando que otros pueden tener malas intenciones hacia nosotros; y, a través de la tentación de comportamientos pecaminosos que resultan en nuestro aislamiento de otras personas. Al final, los demonios buscan crear heridas. Como el padre Thomas dice: los demonios siempre buscan personas con relaciones rotas o sin relaciones.⁵⁴ Los demonios luego vierten su veneno en estas heridas para presionarnos a caer en una espiral descendente de la que esperan que no salgamos. Los exorcistas advierten que demasiadas personas en este punto se acercan a médiums, brujas y otras vías del ocultismo antes de buscar a un sacerdote. Esto juega directamente a favor de los demonios que buscan crear en nosotros las mismas emociones que ellos sienten.

Para este propósito, los demonios también organizan eventos externos en la vida de una persona y le hacen daño, creando así una herida mediante la cual pueden controlarla mejor. En esta herida y a través de este agarre, el demonio gana poder sobre ellos. Es por eso que la sanación del alma es importante para el crecimiento espiritual. Las heridas que se han acumulado a través de los pecados o de una vida de pecado, son el objetivo de los demonios.⁵⁵ Una vez que están cerradas y sanadas, los demonios tienen que adoptar estrategias más avanzadas contra nosotros. Debemos recordar que los demonios quieren que caigamos en pecado, que muramos en estado de pecado y entonces estemos sometidos a ellos en el infierno. Debemos saber y aceptar esto y esforzarnos para evitar que ellos ganen.

Comenzando con Eva

Los ataques del maligno comenzaron con el primer hombre y la primera mujer que Dios creó –Adán y Eva– y específicamente con Eva. Aquí vemos la táctica del demonio para dividir a la familia y crear falsas percepciones en la mente. El padre Ripperger señala que Satanás sugestionó las emociones e imaginación de Eva y colocó imágenes en su mente que despertaron una percepción que no estaba en armonía con

---

[53] Amorth, 124
[54] Thomas #1
[55] Ripperger #10

Motivación y tácticas de los demonios

la realidad.⁵⁶ La táctica fue darle un giro a lo que Dios dijo realmente y hacer que pareciera negativo lo que en realidad era positivo. Como resultado, la soberbia y el deseo se agitaron dentro de Eva y ella rompió el mandamiento y comió el fruto del árbol prohibido.

Este es un enfoque común al cual siempre debemos estar atentos y contra el cual debemos usar la humildad para defendernos. Es fácil para los demonios hacernos pensar una cosa cuando la realidad es otra. Esto, en última instancia, como con Eva, nos lleva hacia la soberbia que también se puede llamar obstinación o voluntad propia como lo llama san Alfonso. San Alfonso cita a san Agustín diciendo: El diablo se ha convertido en diablo por voluntad propia. Concluye entonces: Cuando nosotros seguimos nuestra propia voluntad, los demonios dejan de atacarnos porque estas mismas voluntades propias se convierten en demonios.⁵⁷ Una vez que el diablo volvió a Eva hacia su propia voluntad, pudo sentarse y ver cómo se desarrollaban las consecuencias.

Eva también pecó por curiosidad. Adán y Eva, como dice santo Tomás, fueron dotados de integridad natural, perfección y un intelecto que poseía el conocimiento de todas las cosas, como la naturaleza de todos los animales.⁵⁸ Con este conocimiento, como el padre Ripperger señala, Eva habría sabido que en la creación no había serpientes que hablaban.⁵⁹ Sin embargo, su curiosidad con respecto a esta extraña criatura la llevó a escuchar a Satanás y seguirlo. Como resultado, ella se colocó debajo de él y le dio autoridad para actuar en su vida.⁶⁰ Dado que Adán siguió su ejemplo, provocando la caída del hombre, los demonios ahora pueden actuar físicamente sobre todos nosotros, conectados a Adán y heridos como todos estamos por el pecado original.

Afectando al mundo físico

Como resultado de que Adán y Eva se dejaron llevar por Satanás y lo obedecieron mientras rechazaban la orden de Dios, el diablo y sus

---

[56] Ripperger #2
[57] *La verdadera esposa de Cristo*, 143-144
[58] *Suma Teológica I*, C. 94, A 3
[59] Ripperger #3
[60] Ibídem

demonios ganaron cierta influencia sobre el mundo físico. En el Evangelio de Juan, nuestro Señor se refiere a Satanás como el «príncipe de este mundo».[61] Santo Tomás dice que esto, por supuesto, es el demonio, pero que el poder del demonio no es un poder natural, sino que proviene de la culpa. Santo Tomás dice: «no es el gobernante de las criaturas, sino de los pecadores y las tinieblas».[62] Job afirma: «es el rey sobre todos los hijos del orgullo».[63] Sin embargo, esta regla puede afectar incluso a los buenos, como a nuestro Señor mismo. Aunque Satanás no tiene verdadero poder sobre Cristo, tiene influencia sobre el pecador Judas, a quien incita a traicionar a Cristo; y sobre los líderes judíos pecadores, a quienes incita a matar a Cristo.

La actividad de Satanás puede por consiguiente extenderse de las tentaciones normales e impactar aspectos externos de la vida humana. Una de estas se conoce como la infestación diabólica. Este es el término utilizado para referirse a manifestaciones externas de la actividad demoníaca en el mundo. Esto puede involucrar cosas como animales, como se describe en la Sagrada Escritura en la historia de la legión de demonios enviada a los cerdos, que luego corrieron locamente por el acantilado y se lanzaron al mar.[64] El padre Ripperger relata una historia sobre una casa infestada por un demonio de enfermedad que fue llevado por una bruja que vivía allí. Ella había intentado sanar a su marido a través de un hechizo, pero finalmente terminó matándolo y el demonio se introdujo en la casa. Más tarde, una familia se mudó allí y descubrió que la casa estaba infestada debido al pecado de la bruja. El demonio que infestó la casa atacó primero al nivel inferior de las criaturas, causando la muerte de dos perros, debido al tiempo que tomó liberar la casa.[65]

Los efectos de la infestación logran ser tan inquietantes que pueden provocar impactos económicos en la familia afectada. Puede afectar no solamente a la casa, sino también a los electrodomésticos y automóviles. Ventanas que se abren y cierran, aparatos que se prenden y apagan, voces y gritos, ruidos repulsivos, malos olores, insectos abundantes, golpes en las paredes y pisadas –todos son signos de infestación. Estos,

---

[61] Juan 14, 30
[62] Comentario de Aquino, Juan 14
[63] Job 41, 34
[64] Marcos 5, 9
[65] Ripperger #3

Motivación y tácticas de los demonios

por supuesto, ocurren sin ninguna explicación natural.[66] Un demonio, con el permiso de Dios, también puede «mover cosas a voluntad» y hacer que los objetos vuelen por la habitación o desaparezcan y reaparezcan en otro lugar.

Las infestaciones pueden resultar de un maleficio, hechizo, maldición, vudú o brujería.[67] El padre Ripperger dice que los demonios también pueden ganar poder en un espacio mediante actos como la blasfemia, lo que les da un cierto dominio sobre el aire en ese lugar.[68] Se puede decir que un objeto está infestado si los fenómenos ocurren donde sea que se coloque el objeto. El padre Fortea aconseja que en tales casos el objeto debe quemarse después de ser rociado con agua bendita. Las cenizas deben ser enterradas[69] o esparcidas en un riachuelo.[70] Los sacerdotes que son conscientes de la verdadera batalla espiritual en la que nos encontramos están más que dispuestos a tomar estos artículos y destruirlos por nosotros.[71]

Esta actividad demoníaca puede tener un impacto terrible en las emociones y la salud mental de una persona o una familia. En Pensilvania, una casa estuvo infestada por un demonio durante casi un siglo, y eventos como los que acabamos de mencionar se habían convertido en algo común. La familia Cranmer finalmente se mudó y con la ayuda de la Iglesia, el demonio fue expulsado, pero no antes de que las manifestaciones torturaran e hirieran sicológicamente a la familia de forma grave.[72] Según el padre Ripperger, la infestación diabólica se está volviendo mucho más común hoy en día. Él recomienda indagar sobre los vecinos y residentes anteriores de su casa, para determinar si necesita protección espiritual adicional o liberación.[73] Dado que los demonios pueden infestar esencialmente cualquier elemento inanimado, es bueno

---

[66] Amorth, 26, 74
[67] Fortea, 99
[68] Esta es una razón por la cual la Iglesia bendice las velas. Leer la sección *Velas benditas* del Capítulo 10. Leer en el mismo capítulo más información sobre la blasfemia.
[69] Fortea, 101
[70] Ripperger #3
[71] Esto podría ser útil dado el poder que ciertos elementos pueden tener en nuestra vida. Leer la historia relacionada en el Capítulo 9.
[72] *The Demon of Brownsville Road* (El demonio de la calle Brownsville) por Bob Cranmer y Erica Manfred.
[73] Ripperger #4

y prudente, especialmente hoy, recibir todas las bendiciones que la Iglesia ofrece como por ejemplo la bendición para automóviles y casas.[74]

Los demonios no solo pueden afectar el mundo físico externo del hombre, sino también algunos aspectos de su interior. Pueden producir visiones y éxtasis falsos, por ejemplo. Santo Tomás afirma que «un demonio puede trabajar en la imaginación del hombre e incluso en sus sentidos corporales, de modo que algo parezca diferente a lo que es».[75] Los demonios pueden formar una imagen directamente en la mente de un hombre. Esto puede ser en el curso de tentaciones normales o para engañar a alguien a que piense que está teniendo una visión de lo sobrenatural. Esto se relaciona con otro elemento que está al alcance de los demonios: las apariciones. Es por esto que la Iglesia es tan cuidadosa al investigar supuestas apariciones; los demonios pueden simular todas estas cosas.[76] Como resultado, la Iglesia espera escuchar cuál es el contenido del mensaje antes de decidir el carácter sobrenatural del mismo. Bien nos servirá recordar la reacción de santa Bernardita ante la aparición de la Santísima Virgen María: roció agua bendita y le ordenó que se fuera si no era de Dios.

Como el padre Ripperger describe, los demonios también pueden causar la percepción de rayos de luz y calor, y sensaciones agradables.[77] Pueden aparentar curaciones simplemente eliminando una enfermedad de origen demoníaco. También pueden causar otros fenómenos corporales y simular milagros como la levitación[78] y hablar en lenguas. El padre Fortea afirma, al igual que el padre Ripperger, que un demonio también puede causar los estigmas. En un principio, el padre Fortea no creía que esto fuera posible hasta que sus experiencias demostraron lo contrario. Aprendió que el origen de este fenómeno, ya que puede ser causado por Dios o por un demonio, debe ser discernido por los signos que acompañan la vida de la persona, ya sea que haya un aumento de gracia y virtud, o de pecado y desobediencia.[79]

---

[74] El *Ritual Romano* tradicional tiene bendiciones para muchos artículos que las personas usan, tanto para la vida común como para las devociones.
[75] *Suma Teológica I*, C. 114, A4
[76] Ripperger #3
[77] Ibídem
[78] Aplicando la lógica de santo Tomás, cuando alguien levita, es por el poder de un ángel. Esto se aplica a un santo y a un hombre malvado o persona poseída. En el primero, sería un ángel sagrado; en el último, sería un demonio.
[79] Fortea, 118

Motivación y tácticas de los demonios

También se permite que los demonios afecten a las personas en lo que se llama vejación o dolor. Dios ha consentido que ciertas personas santas sean asaltadas o esencialmente, golpeadas por los demonios. Esto es un asalto físico de una persona invisible al santo mientras vive aquí en la tierra. El padre Ripperger dice que esto se permite por dos razones: para la santificación continua de la persona, a fin de que tenga más confianza en Dios; y para humillar al demonio que, a pesar de los ataques y palizas, todavía no puede lograr que el santo ceda y desconfíe de Dios, reduzca su vida de oración, se aleje de la virtud y peque.[80] Existen numerosos ejemplos de estos santos en la vida de la Iglesia, tal como san Pío de Pietrelcina (padre Pio) y san Juan Vianney (el Cura de Ars). Un ejemplo bíblico es Job, a quien nuestro Señor permitió que Satanás atacara de manera muy intensa. San Agustín declara la fuente de los sufrimientos de Job con toda claridad: «Cuando el fuego descendió del cielo y de un solo golpe consumió a los sirvientes y las ovejas de Job; cuando la tormenta azotó su casa y con ella a sus hijos, esto fue tarea de Satanás, no de fantasmas».[81]

Los demonios también pueden manifestarse en forma visible. Si bien son capaces de aparecer ante nosotros en cualquier forma humana, Dios generalmente no les permite aparecer en la forma que ellos elijan. Típicamente, como el padre Fortea dice, se les permite aparecer como sombras en movimiento, monstruos horrendos u hombres pequeños muy negros.[82] Su descripción coincide con la experiencia de la familia Cranmer mencionada anteriormente. Adam Blai, experto en demonología religiosa y exorcismo, quien también ayuda a entrenar a exorcistas, agrega que estas formas oscuras pueden ser del tamaño de un ratón, una pelota de baloncesto, un niño, un adulto o más grandes. Pueden ser formas sólidas que parecen caminar o flotar como una especie de humo negro que no se disipa.[83] Me relataron una historia de dos adolescentes que jugaban con un tablero güija en una habitación del piso de arriba, cuando apareció de repente una figura alta y oscura en la puerta y desapareció en seguida. Al día siguiente, estos individuos conducían por una carretera cuando la misma figura oscura apareció en medio del camino. El conductor se desvió para evitar a la figura, se

---

[80] Ripperger #6
[81] *Suma Teológica I*, C. 114, A 4, citando a san Agustín, *Ciudad de Dios*, XX, 19.
[82] Fortea, 115
[83] Blai, 42

salió de la carretera y chocó. Un individuo resultó ileso y el otro quedó paralizado.

El diablo puede aparecer como un «animal monstruoso» o como una persona con características satánicas. También puede aparecer en formas inocentes como lo hizo en la vida de padre Pío. A este santo, el diablo se le apareció como un perro feroz, una niña desnuda, nuestro Señor, la Virgen María, su propio confesor y el padre guardián de su monasterio. El padre Pío recibió una orden de este último y se dio cuenta de que en realidad era el diablo, solo después de que intentó verificar lo que le había dicho.[84] Santa Teresa de Ávila, en su autobiografía, narra que varias veces fue testigo de la aparición de un hombre pequeño, completamente negro que le gruñía.[85]

Si bien estas cosas pueden sonar intimidantes, es importante recordar que solo son posibles en la medida en que Dios permita que los demonios actúen de esta manera. Por lo tanto, todas estas actividades están contempladas dentro del plan divino para la salvación de las almas y, como discutiremos luego, para la humillación y derrota de los demonios.

Curiosidad

La curiosidad puede ser un acto pecaminoso de la mente y conducir a lo diabólico cuando, por esta curiosidad, nos apartamos de la virtud y entramos en ocasión cercana al pecado o incursionamos en cosas que Dios y la Iglesia condenan. San Alfonso Ligorio describe cómo la curiosidad puede llevar, como en el caso de Adán y Eva, a exponernos a una situación donde nos ataque una fuerte tentación. Él dice: «La negligencia de evitar las ocasiones de pecado fue la causa de la caída de nuestros primeros padres. Dios les había prohibido incluso tocar la fruta prohibida. *Dios nos ordenó*, dijo Eva, *que no debemos comer y que no debemos tocarla*. Pero por falta de precaución, *la vio, la tomó y se la comió*. Primero comenzó a mirar la manzana, luego la tomó en su mano y luego se la comió. Quien se exponga voluntariamente al peligro, perecerá en él».[86]

---

[84] Amorth, 26
[85] *Autobiografía de Teresa*
[86] *Preparación para la muerte*

Motivación y tácticas de los demonios

Un impacto de la curiosidad, pertinente al tema de este capítulo, es la infestación diabólica de un hogar o vivienda. La infestación es esencialmente, cuando los demonios entran a la casa y se quedan allí. Esto ocurre como resultado de algún acto malvado ocurrido dentro de la casa o de una maldición hecha en ella.[87] El padre Ripperger relata una historia de un grupo de investigadores paranormales que descubrieron actividad demoníaca dentro de una casa. El grupo llamó a un sacerdote, que se encargó del problema en la casa. El padre Ripperger también estuvo involucrado en ese momento, tal vez como consultor de ese sacerdote. Al grupo se le dijo que su curiosidad inicial fue un gran peligro y que cuando descubrieron la actividad demoníaca, ya era demasiado tarde. Fue buena idea llamar al sacerdote entonces, aunque ya estaban siendo atacados por el demonio. En esta situación, el padre Ripperger dijo que pudo darse cuenta que el jefe de este grupo ya estaba poseído. Afirma que los exorcistas, debido a su experiencia y entrenamiento, a menudo pueden detectar cierta apariencia en una persona que revela esta presencia diabólica.[88] El padre Fortea también habla sobre la capacidad del demonio de ver al sacerdote con una mirada malvada a través de los ojos del poseído.[89]

Visitar cementerios, casas embrujadas y casas notoriamente infestadas como una forma de entretenimiento es una curiosidad peligrosa que abre la puerta al acoso diabólico. Las casas embrujadas son reales, pero la mayoría de las personas no entienden con qué están tratando y caminan directamente hacia la actividad del demonio.[90] Es posible que en lugar de un demonio sea un alma difunta la que esté presente en la casa. Los dos casos son muy diferentes en naturaleza, efecto y propósito. El demonio es malvado, dañino y hace la vida miserable dentro de la casa. El espíritu humano está allí únicamente para obtener oraciones y no es malo ni dañino. Adam Blai dice que cuando la entidad presente es un demonio, las oraciones menores de exorcismo del sacerdote tendrán el efecto de levantar «la influencia maligna» en la vivienda e

---

[87] La famosa historia de la casa infestada de la familia Cranmer se relata en el libro *The Demon of Brownsville Road* (El demonio de la calle Brownsville) de Bob Cramer y Erica Manfred. Esta infestación se relacionó con muchos actos malvados cometidos en dicha casa en el pasado. El caso de infestación y posesión en Gary, Indiana, en 2012, comenzó con una maldición de la familia en el hogar.

[88] Ripperger #1

[89] Fortea, 82

[90] Ripperger #1

impartir una notable ligereza y claridad en el aire.[91] Las almas difuntas, por otro lado, se quedan completamente quietas y silenciosas cuando se ofrece una Misa u oraciones en su nombre.[92]

Es posible que el espíritu humano sea inicialmente espeluznante solo porque su presencia era inusual e inesperada. Si se trata de un espíritu humano, todo lo que hay que hacer es ofrecer una Misa por su alma y obtener una indulgencia plenaria en su nombre y la persona partirá.[93] La Exposición Internacional del Vaticano de los Milagros Eucarísticos exhibe una historia notable para demostrar este poder de la Misa. En la ciudad de Montserrat, en 1657, una joven le pidió al abad Millán de Mirando que ofreciera tres Misas por su padre, con las que ella creía que él sería liberado del purgatorio. Durante la primera Misa, su padre apareció rodeado de llamas. Para probar esta visión, que solo ella podía ver, el sacerdote le pidió a la niña que colocara un pañuelo desechable cerca de las llamas. Cuando lo hizo, comenzó a arder con una llama viva. Después de la tercera Misa, la niña vio a su padre, ahora vestido de blanco, ascender al cielo.[94]

Enfermedad

El padre Ripperger relata muchos incidentes en los que los demonios pueden causar todo tipo de padecimientos, desde depresión hasta enfermedades físicas. Estas enfermedades no son en esencia las mismas que las auténticas. Muchas personas están evidentemente deprimidas, por razones que surgen en el curso natural de la vida. Muchas personas están físicamente enfermas debido a virus, bacterias u otras debilidades corporales. Según su experiencia, la mayoría de los casos no implican actividad demoníaca. No obstante, los demonios pueden causar toda forma de enfermedad y trastorno mental que de otro modo tendría origen natural.[95]

Lo que sabemos de la Sagrada Escritura y las enseñanzas de santo Tomás respaldan lo que los exorcistas ven en su trabajo. Cuando los ángeles vinieron a castigar a Sodoma, fueron capaces de deslumbrar a

---

[91] Blai, 48
[92] Blai, 38
[93] Ripperger #1
[94] http://www.therealpresence.org/eucharst/mir/english_pdf/Montserrat.pdf
[95] Ripperger #1

Motivación y tácticas de los demonios

los hombres que intentaron atacarlos.[96] Cuando san Rafael acudió a Tobías en respuesta a sus oraciones, fue capaz de eliminar la ceguera que había sufrido. Santo Tomás enseña que tanto los ángeles buenos como los malos pueden ejercer una influencia *indirecta* sobre la voluntad humana al agitar imágenes en su mente y por sus poderes naturales, pueden despertar apetitos y pasiones sensibles. También pueden manipular los sentidos humanos ya sea en forma visible o perturbando las mismas funciones sensoriales.[97] Santo Tomás también dice que los ángeles pueden actuar sobre los hombres desde su interior, de tal modo que «los sentidos cambian de varias maneras».[98]

Con respecto a la adicción, por ejemplo, los demonios pueden causar los síntomas de una adicción específica y pueden ser la fuente del deseo que lleva a la persona al comportamiento adictivo. La única forma de saber si este es el caso, es haciendo que un sacerdote recé oraciones de exorcismo sobre la persona.[99] Si la persona responde a estas oraciones, entonces se sabe que hay un demonio involucrado. Como dice el padre Fortea: Es la oración la que nos dará la seguridad de si se trata o no, de una posesión.[100] Si la persona no responde, es probable que sea una adicción auténtica. Primero se usan las oraciones menores de exorcismo y estas típicamente hacen efecto. Para aquellos con una adicción o enfermedad mental, si es de origen diabólico, los síntomas desaparecerán por un tiempo como resultado de estas oraciones, pero luego regresarán.[101]

Tentaciones

La forma ordinaria en la que los demonios buscan influenciar al hombre es a través de la tentación. Todos estamos sujetos a este tipo de acoso, mientras que las formas extraordinarias son mucho menos comunes. Como el padre Amorth dice, hay más víctimas de la acción

---

[96] Génesis 19, 11
[97] Glenn, 92
[98] *Suma Teológica I*, C. 114, A4
[99] Ripperger #2
[100] Fortea, 75
[101] Ripperger #2

ordinaria de Satanás que de su acción extraordinaria.[102] El diablo prefiere actuar a través de tentaciones ordinarias donde puede permanecer oculto e inadvertido y lograr mayores ganancias en las almas. Cuando trabaja de forma extraordinaria, revela su presencia, que en última instancia puede perturbar su trabajo.[103]

El padre Ripperger señala que una táctica que usan los demonios es desenterrar los viejos recuerdos y tratar de usarlos en su contra.[104] No es difícil imaginar qué tipo de cosas podrían desenterrar y la forma en que podrían usarlos. Para aquellos que están tomando en serio su vida espiritual, esto es una experiencia común. Como se mencionó anteriormente, a los demonios también se les permite tener acceso a nuestra imaginación además de nuestra memoria. Pueden, por ejemplo, recordarle cualquier imagen pornográfica que haya visto y usarla para tentarle contra la castidad.[105] Además de traer recuerdos, los demonios también pueden atacar su imaginación con imágenes que no residen en su memoria. Un sacerdote una vez contó la historia de una monja que en Confesión mencionó tener imágenes en su mente de naturaleza pornográfica. Esta monja nunca había visto algo así. El sacerdote concluyó que esto era de origen diabólico.

Los demonios también pueden bloquear su memoria y su capacidad para recordar ciertas cosas.[106] Esto evita que usted recuerde el pecado que estaba al principio de todos sus problemas y el cual es la raíz de los pecados más importantes con los que está luchando actualmente. Si los demonios pueden bloquear su memoria de un pecado, también pueden evitar que renuncie a ese pecado, lo cual ayudaría a romper el control que este tiene sobre su vida. El padre Ripperger recomienda que le pidamos a la Virgen Dolorosa que nos revele la verdadera naturaleza del problema para que podamos abordarlo de manera efectiva. Este título de nuestra Señora es poderoso por una razón, la cual se aborda en el Capítulo 10.[107]

---

[102] Amorth, 63
[103] Amorth, 68
[104] Ripperger #1
[105] Ripperger #6
[106] Ibídem
[107] Leer la sección *El poder de la Virgen María* del Capítulo 10.

Motivación y tácticas de los demonios

Los demonios también atacan nuestra percepción de las personas y situaciones.[108] La forma más común es hacer que el mal nos parezca bueno, hacernos desear algo, particularmente en un momento de debilidad que de otro modo nunca pensaríamos que era bueno para nosotros. También pueden distorsionar cómo entendemos lo que otra persona está tratando de comunicarnos. Como no somos capaces de transmitir directamente nuestros pensamientos de intelecto a intelecto como lo hacen los ángeles, nuestras palabras son vulnerables ya que se transmiten de una persona a otra. Alguien que lo elogie, por ejemplo, podría usar una palabra o frase que desencadene un recuerdo negativo. Los demonios lo usarán para hacerle pensar que las intenciones de la otra persona son completamente opuestas a lo que es en realidad. También debemos tener cuidado con la forma en que hablamos, prestando atención a la advertencia de san Francisco de Sales que dice: «y si nosotros no pensamos mal, piensa mal el enemigo, y siempre se sirve disimuladamente de estas malas palabras para atravesar el corazón de alguno».[109]

Esta capacidad de influir en nuestra percepción de las cosas es una de las razones por las que la Iglesia siempre ha dicho que nunca se debe confiar en las emociones para discernir sobre la vida espiritual. Los demonios pueden atacar sus emociones e imitarlas en su interior, provocando incluso buenos sentimientos cuando está considerando el mal, como dice el padre Ripperger.[110] Al hacernos sentir ciertas emociones, pueden darnos una recompensa emocional después de pecar. Los demonios son seres espirituales extremadamente infelices y buscan hacernos tan miserables como ellos y moldearnos a su propia imagen. Los demonios tratarán de condicionarnos para que nos animen sus mismos vicios y así comencemos a actuar de acuerdo a su propio comportamiento.[111]

El padre Amorth dice que una vez que los demonios cayeron, cambiaron radicalmente su misión con respecto a nosotros. Ahora están enfocados con sus apasionados intelectos en el único objetivo de destruir a los hombres y convertirlos en sus compañeros en la desgracia.[112]

---

[108] Ripperger #6, #2
[109] *Introducción a la vida devota*
[110] Ripperger #6
[111] Ripperger #8
[112] Amorth, 127

MATANDO DRAGONES

San Francisco de Sales describe esta miseria de los demonios como tristeza y melancolía. Él dice que Satanás usa la tristeza y la depresión para llevar a los hombres buenos a abandonar la búsqueda del bien. Manifiesta que el maligno se complace en la tristeza y la melancolía porque esas son sus propias características. Estará triste y melancólico eternamente por lo que quiere que todos estén como él.[113] Solo al resistir fervientemente los esfuerzos de Satanás para que nos cansemos de hacer el bien, podremos alejarlo. Como dice san Pablo: «No nos cansemos de obrar el bien; que a su tiempo nos vendrá la cosecha si no desfallecemos».[114]

Aferrándose a las familias

Como se mencionó anteriormente, en la batalla espiritual a menudo tenemos que lidiar con lo que se llama un espíritu generacional. Este es un demonio que según lo permitido por Dios está particularmente enfocado en atacar a los miembros de cierta línea familiar. El padre Ripperger dice que este demonio entra a través de la estructura de autoridad que Dios permitió y generalmente por un pecado cometido por el padre de la familia. Esto se manifiesta en Éxodo, donde el Señor dice que castigará «la iniquidad de los padres en los hijos hasta la tercera y cuarta generación».[115] Este pecado abre la puerta para que el demonio entre a toda la casa.[116]

Este tipo de demonio puede viajar dentro de la familia y descender por la línea familiar a través de los matrimonios. A menudo, cuando este es el caso, un cónyuge recién casado notará un cambio negativo repentino poco después del matrimonio. Eliminar los espíritus generacionales es una razón por la cual hay exorcismos en el rito tradicional del Bautismo.[117] Estos exorcismos durante el Bautismo también se realizan para garantizar que el niño no se vea sometido a ninguna maldición hecha como medio de venganza contra la familia.

El concepto de espíritu generacional le puede parecer extraño a mucha gente. El padre Thomas menciona que tampoco pensó que era

---

[113] *Introducción a la vida devota*
[114] Gálatas 6, 9
[115] Éxodo 20, 5
[116] Ripperger #1, #7
[117] Ripperger #9

Motivación y tácticas de los demonios

algo real hasta que se involucró en el exorcismo. En estos casos, como él dice, está claro que la persona afectada no había hecho nada que le hubiese llevado a la presencia del demonio en su vida. El testimonio en la Sagrada Escritura de esta realidad lo ayuda a ser más creíble, especialmente a la luz de la evidencia. Por lo que él ha visto, podría ser consecuencia de que uno de los padres –o abuelos– se haya involucrado en el ocultismo durante su vida. Para eliminarlo, ha resultado útil que la persona ofrezca oraciones de renuncia por cualquier pecado cometido por la generación pasada.[118]

Los demonios buscan sembrar la discordia entre los cónyuges, a menudo simplemente por medio de alguna tentación mencionada anteriormente. Como el padre Amorth dice: Hoy en día la familia es la más atacada por la acción ordinaria de Satanás, a través del enfriamiento de la relación, así como por la traición y división.[119] El padre Ripperger destaca como eficaz, la importancia de una buena comunicación entre cónyuges para frustrar este ataque. Cuando los cónyuges se comunican, aclaran los problemas internos ocultos que el demonio conoce, pero que el otro cónyuge desconoce. Al revelar estos sentimientos y pensamientos personales entre sí, los cónyuges impiden el ataque del demonio y fortalecen su propio vínculo.[120] Como es evidente en el debilitamiento universal de las culturas, esta comunicación es importante debido al aumento de los ataques contra los niños y la institución del matrimonio, cuya intensidad no puede entenderse correctamente sin tener en cuenta las operaciones de lo diabólico.

---

[118] Padre Thomas #1
[119] Amorth, 89
[120] Ripperger #2

Compendio I

- Los demonios son seres reales, personales, racionales y espirituales que eligen el mal y se oponen a Dios y al hombre.
- Los demonios saben que lo que ellos perdieron en el cielo, algún día nosotros lo ganaremos por medio de la gracia.
- Lo que los exorcistas ven en su ministerio está en armonía con lo que la Sagrada Escritura y la Iglesia enseñan como verdad.
- Los demonios nos llevan a los extremos y hacen todo lo posible para evitar que pensemos en Dios.
- Los demonios buscan dividirnos, atacarnos y frustrarnos.
- Los demonios hacen lo que Dios les permita hacer. Dios les permite actuar, aunque dentro de los límites que establece.
- El ataque diabólico contra la humanidad comenzó con Eva y la soberbia, que es la raíz de todos los pecados.
- Cuando pecamos, esencialmente actuamos como los demonios y esto les abre las puertas.
- Debemos alejarnos de las cosas que están relacionadas con lo diabólico y no dejar que la curiosidad nos lleve a poner a prueba el reino espiritual.
- Los demonios pueden influir en nuestra mente, cuerpo y vida externa. Algunas de estas influencias son comunes, otras son raras.
- Los demonios prefieren trabajar de forma oculta, pero trabajarán extraordinariamente para hacernos sufrir más. Cuando se manifiestan, dañan su plan, porque sacan a la luz su existencia.
- Debemos aprender a luchar bien y perseverantemente contra los demonios.

Capítulo 2

Naturaleza angélica

Al considerar la guerra espiritual en la que todos estamos metidos y los comportamientos del maligno y sus demonios, resulta esclarecedor pensar por un momento en la naturaleza de estos espíritus. Esta consideración de la naturaleza angélica no será muy exhaustiva, ya que la Tradición de la Iglesia tiene mucho que decir al respecto, particularmente en los escritos de los doctores de la Iglesia.

Los espíritus que Dios creó primero, a los que comúnmente nos referimos en conjunto como «ángeles», son espíritus puros con intelecto y voluntad. Por lo tanto son personas. Su intelecto y voluntad son de un orden muy superior al de los seres humanos, quienes también son personas con intelecto y voluntad. Al considerar la naturaleza de los ángeles, es importante recordar que los demonios no están protegidos ni fortalecidos de la misma manera que los santos ángeles. Esto se debe a la ausencia de gracia santificante en los demonios. Este impacto se nota en su capacidad de saber cosas. Como Monseñor Paul J. Glenn señala: Los ángeles caídos (o demonios) están totalmente separados de la sabiduría divina; y por lo tanto, su conocimiento de las cosas sobrenaturales puede ser erróneo o falso.[1]

Conocimiento angélico

El conocimiento en los ángeles es infundido, está presente en ellos naturalmente, dotados de tal manera por Dios en el momento de su creación.[2] A pesar de que podemos recibir conocimiento infundido como una gracia especial de Dios, también adquirimos conocimiento a

---

[1] Glenn, 51
[2] *Suma Teológica I*, C. 54, A 4

través de los sentidos y al ser enseñados por otros y por Dios. El conocimiento infundido de los ángeles supera con creces el conocimiento que nosotros adquirimos. Incluye un conocimiento de todas las cosas inmateriales y materiales. A los ángeles santos, Dios también les imparte un conocimiento sobre él mismo, que es la visión beatífica de la que disfrutan como resultado de su fidelidad. Los ángeles son incomparablemente más inteligentes que los hombres y poseen la capacidad de saber más que nosotros.[3] Como Monseñor Glenn describe, la mente angélica es como un cristal claro que capta todo el significado de lo que percibe.[4] Si bien los ángeles no necesitan entender por razonamiento, son capaces de hacerlo y de conocer la forma en que pensamos y razonamos.

Los ángeles entienden el plan de la Divina Providencia en la medida que Dios se los permite.[5] A pesar de este conocimiento incompleto que al mismo tiempo no tiene errores ni falsificaciones, son muy buenos para predecir lo que sucederá. Su conocimiento infundido incluye aquellas cosas que suceden después del momento de la creación, en el mundo creado, excepto por lo que sucede en nuestra vida interior. Por lo tanto, saben todo lo que está sucediendo en todo el mundo, como regalo de Dios. Dada la gran riqueza del conocimiento que poseen, el poder de sus intelectos, su capacidad para moverse a la velocidad del pensamiento y la ausencia de cualquier carga que limite el acceso a estos poderes, como lo experimentamos nosotros debido a nuestra carne débil, los ángeles son capaces de manejar más piezas del rompecabezas, por así decirlo, de lo que nosotros podríamos hacer. Esto podría parecerse a la capacidad de «ver el futuro», pero en realidad no sería ver el verdadero futuro, ya que esto naturalmente solo lo puede hacer Dios.[6]

La comunicación angélica también se basa en el intelecto. Mientras que nosotros hablamos con nuestras cuerdas vocales, a través de nuestro cuerpo, los ángeles no tienen cuerpo ni ningún tipo de forma física, son espíritus solamente. Los ángeles se comunican actuando sobre el intelecto de otro ángel, con el consentimiento de ese ángel. Como

---

[3] *Suma Teológica I*, C. 54-57
[4] Glenn, 51
[5] *Suma Teológica I*, C. 58
[6] *Suma Teológica I*, C. 57, A 3-5

Naturaleza angélica

el padre Ripperger describe, la comunicación angélica, en términos modernos, es una especie de telepatía.[7] El padre Fortea dice que si dirigimos nuestra mente y voluntad a un santo, un ángel o un demonio, ellos pueden escucharnos. Él vio esta realidad durante un exorcismo cuando el demonio obedeció una orden que le dio solo mentalmente.[8]

Santo Tomás dice que «hablar un ángel a otro no es más que destinar por propia voluntad algún concepto a ser conocido por él».[9] Los ángeles actúan sobre nosotros de manera similar, sugiriéndonos pensamientos, que podemos consentir o rechazar. Considere cómo es normalmente la experiencia de una tentación diabólica: nos llega un pensamiento que es malo, lo reconocemos como malo, lo rechazamos o lo aceptamos y si hacemos el último, aceptamos el pensamiento como propio. Los ángeles santos funcionan de la misma manera, pero con ideas que son buenas y santas. Por lo general, es muy difícil distinguir entre nuestras propias ideas y las que provienen de un ángel o un demonio.

Ubicación

Los ángeles no ocupan un lugar, están «aquí» o «allá» porque están ejerciendo su poder en ese lugar y no en otro.[10] Un «lugar» es solo para algo físico que tiene que habitar y ocupar un espacio físicamente. Considérese a sí mismo, a un árbol o a un pájaro, las cosas físicas necesitan un lugar donde ubicarse. Los ángeles son solamente espíritus y no poseen materia y por lo tanto, no necesitan ni ocupan un espacio o lugar. Sin embargo, están activos en este mundo y esa actividad los lleva «aquí» o «allá». Actúan sobre algo fijando sus pensamientos sobre eso y pueden cambiar de actividad simplemente cambiando de pensamiento.[11]

---

[7] Ripperger #5
[8] Fortea, 34
[9] *Suma Teológica I*, C. 107, A 2
[10] *Suma Teológica I*, C. 52
[11] Ibídem

MATANDO DRAGONES

Tiempo

Como no están en un lugar, tampoco están en el tiempo. Hay tres estados del ser en relación al tiempo. Hay quienes fueron creados con el tiempo y viven en el tiempo, como los hombres. Fuimos creados dentro de este mundo pasajero y vivimos en el mismo. Para los ángeles, se usa el término «evo». Fueron creados fuera del tiempo, pero son capaces de actuar dentro del tiempo y tienen un conocimiento infundido de lo que sucede dentro del tiempo. Para Dios, usamos el término *aeternum*. Dios no tiene principio ni fin y es el Creador del mismo tiempo.[12]

Inicio

Los ángeles fueron creados en estado de gracia santificante e infundidos con las virtudes teologales. Sin embargo, no fueron creados en estado de gloria en el sentido de poseer la visión beatífica. En sus primeros momentos, hubo múltiples instantes que determinaron si procederían a la beatificación o serían condenados.[13] Como el padre Ripperger explica, el primer instante fue la percepción inmediata de la tarea asignada para ellos. Dios dijo a todos los ángeles: «Esta es su tarea asignada y así es como se relaciona con Cristo». El intelecto angélico es tal que, tan pronto como consideran una cosa, inmediatamente poseen un entendimiento completo de esa cosa.[14]

El segundo instante fue la decisión inmediata de aceptar o rechazar la tarea que se les asignó que fue el único acto de caridad requerido para alcanzar la beatitud. Como su conocimiento de esta tarea era entero y completo, entendieron plenamente la consecuencia de decir «sí» o «no». El padre Ripperger dice que Satanás dio su infame *¡Non serviam!* debido a la Encarnación y al hecho de que él necesitaría servir a nuestro Señor en la carne. Satanás tampoco podía aceptar el hecho de que «la mujer» sería más grande y conocedora que todos los demás

---

[12] Ripperger #5
[13] *Suma Teológica I*, C. 62
[14] Ripperger #5

Naturaleza angélica

seres creados, incluido él mismo. La profecía en Génesis, «ella te aplastará la cabeza»,[15] es el resultado de su rechazo.[16]

Santo Tomás cita a Orígenes para ayudarnos a comprender la maldición emitida contra Satanás después de tentar al hombre a caer en desgracia como lo hizo él, «La antigua serpiente no anduvo inmediatamente sobre su pecho y su vientre».[17] Como dice santo Tomás, esto demuestra que el diablo fue creado bueno y fue solo después que rechazó la voluntad de Dios para él que perdió la gracia y fue condenado.

Al contrario, el primer pensamiento de nuestros ángeles guardianes fue que nos serían asignados para protegernos. Inmediatamente dijeron «sí» y merecieron la gracia de la gloria y vieron a Dios cara a cara. Tan pronto como fuimos creados, comenzaron su incansable tarea de protegernos y luchar por nuestra salvación. Todo el tiempo, mientras nos miran, continuamente ven a Dios en toda su gloria. Como resultado de esta beatificación, «el ángel bienaventurado no puede obrar ni querer si no es mirando a Dios. Queriendo y actuando así, no puede pecar».[18]

El tercer instante fue la fijación permanente de su voluntad en esta elección fundamental. Su voluntad fue confirmada, ya sea para el bien o para el mal, y de inmediato fueron condenados o vieron a Dios cara a cara. Dios tiene misericordia del hombre y no de los ángeles porque somos mucho menos inteligentes y no entendemos completamente lo que estamos haciendo. Los ángeles, al contrario, como poseen intelecto y voluntad muy superior a nosotros, comprenden completamente las consecuencias de sus acciones.

---

[15] Una famosa traducción de san Jerónimo del Génesis 3, 15 usa «ipsa» en lugar de «ipse» y, por lo tanto, presenta «ella» en lugar de «él» como quien aplastará la cabeza de la serpiente. Es una tradición antigua y se establece dentro de la Sagrada Tradición.
[16] Ripperger #5. Esta es una de las muchas teorías sobre la caída de los ángeles.
[17] *Suma Teológica I*, C. 63, A 6
[18] *Suma Teológica I*, C. 62, A 8

Compendio II

- Los demonios son ángeles caídos. Poseen el mismo tipo de naturaleza que los ángeles santos, pero con limitaciones.
- El poder de los demonios está limitado en parte por la ausencia de gracia santificante, la cual también limita su entendimiento del plan de Dios y los lleva a cometer errores.
- El intelecto angélico es muy entusiasta y perceptivo de todas las cosas y posee un inmenso conocimiento infundido por Dios.
- Aunque no pueden ver el futuro, su vasto conocimiento y poder intelectual les da una capacidad impresionante de percibir y predecir el curso que tomará el futuro. Ni los ángeles ni los demonios pueden ver el futuro.
- Los ángeles se comunican actuando sobre el intelecto de otro ángel. Pueden actuar sobre nuestro intelecto del mismo modo.
- Se dice que los ángeles están en un lugar basado en su actividad en ese lugar.
- Los ángeles merecieron la beatificación en el primer momento después de su creación cuando decidieron obedecer la voluntad de Dios y servirle. Este fue el mismo momento en que los demonios decidieron desobedecer.
- El primer pensamiento de nuestros ángeles guardianes fue que querían servir a Dios protegiéndonos.
- Una vez que los ángeles hicieron su elección, su voluntad se hizo firme en esta decisión porque tenían claridad perfecta respecto a su elección.

Capítulo 3

Etapas de la influencia diabólica

La influencia diabólica aparece en seis formas con respecto a los seres humanos y en una con respecto a los animales y otras cosas materiales. Las seis formas son: tentación, vejación, opresión, obsesión, posesión y subyugación. La forma relacionada con los animales y otras cosas materiales se conoce como infestación.[1]

Influencia diabólica ordinaria – Tentación

La forma típica, constante y recurrente de influencia diabólica a la cual todos y cada uno de los hombres siempre estarán sujetos, involucra las diversas formas de tentación, mediante las cuales los demonios buscan desgastar nuestra fe, esperanza y caridad, separándonos del estado de gracia. Estas tentaciones suelen ser sutiles, siempre son astutas y están coordinadas de manera clara con el objetivo antes mencionado en la mente del demonio. Esta sutileza se refleja en cómo el padre Fortea describe la tentación. Él dice que los demonios nos tientan al infundir pensamientos en nuestra mente. En otras palabras, un demonio introduce objetos intelectuales propios de nuestra comprensión que no se pueden distinguir de nuestros pensamientos en nuestra razón, memoria e imaginación.[2] Una de las claves aquí es que la tentación «no se puede distinguir» de lo que percibimos como nuestro propio pensamiento. Si no podemos hacer esa distinción, es mucho más probable que sigamos la tentación. El discernimiento cuidadoso de nuestros pensamientos a menudo puede desenmascarar la obra del diablo.

---

[1] Leer la sección *Afectando al mundo físico* del Capítulo 1.
[2] Fortea, 47

MATANDO DRAGONES

La tentación inicial a Eva es un ejemplo de este tipo de influencia. Cuando Eva escuchó a la serpiente, ella le permitió interactuar con su mente e imaginación. Las ideas que le propuso a ella agitaron sus emociones y enredaron deshonestamente las palabras que Dios mismo le había impartido, pareciéndole algo placenteras y dignas de su consentimiento. También despertaron su egocentrismo, que es soberbia, y la raíz de cada caída, incluyendo la del propio Satanás.

San Francisco de Sales relata un asalto violento contra la imaginación de santa Catalina de Siena, que demuestra lo que Dios permite y lo que Satanás es capaz de hacer. Él afirma:

> El espíritu maligno obtuvo de Dios el poder de combatir la pureza de esta santa virgen con todo su furor, pero sin que pudiese tocarla. Sugirió, pues, toda clase de deshonestidades a su corazón, y, para excitarla más, se le apareció con otros diablos, en forma de hombres y mujeres, y comenzó a cometer en su presencia mil y mil clases de deshonestidades y acciones lúbricas, añadiendo palabras y conversaciones muy desvergonzadas; y, aunque todas estas cosas eran exteriores, entraban, por los sentidos, muy adentro del corazón de la virgen, que, como ella misma confesaba, se veía llena de estas imágenes, y únicamente su voluntad superior quedaba libre de aquella tempestad de vileza y delectación carnal.[3]

Si esta astucia también se aplicó en el ataque a Eva, no es de sorprenderse que ella haya caído.

Influencia diabólica extraordinaria

Los siguientes cinco ejemplos se conocen como influencia diabólica extraordinaria. Estos son raros y están mucho más allá de las tentaciones normales que diariamente experimenta cada persona. No ocurren con tanta frecuencia como las tentaciones, aunque, como los exorcistas ven, se están haciendo más comunes hoy en día.

---

[3] *Introducción a la vida devota*

Etapas de la influencia diabólica

Vejación

El término moderno para referirse a esta categoría de influencia diabólica es vejación. Esto sucede cuando Dios permite que los demonios abusen físicamente de una persona. Típicamente, las personas a las que se permite ser atacadas de esta forma son los santos, aunque no exclusivamente. A veces puede manifestarse en casos de infestación severa de un hogar, por ejemplo.[4] Esto es muy raro y la razón por la que Dios consiente que ocurra es para lograr una mayor santificación de la persona y la humillación del demonio.[5] Aunque generalmente es una experiencia que solo atraviesan los santos, en la actualidad, con el aumento de los pecados graves, la superstición y la gente viviendo en pecado, estas experiencias se están volviendo más comunes.

Esta categoría incluye lesiones causadas por eventos inexplicables, como rasguños o cortes en el cuerpo sin ninguna explicación,[6] así como tirones de cabello y empujones de personas por las escaleras. En la vida de los santos podemos leer sobre agresiones físicas, como con los puños (san Pío de Pietrelcina) e incendio de muebles (san Juan Vianney). Santa Teresa de Ávila sufrió ataques similares de demonios. Después de uno de esos ataques, tras disiparlos con agua bendita, algunas de sus hermanas entraron a su habitación y percibieron un olor desagradable, como de azufre.[7] Como el padre Jeffrey Grob ha notado, la opresión, en su ataque a los sentidos, también puede conducir a una situación en la que todo lo que una persona huele o prueba está podrido.[8]

De acuerdo con el padre Amorth, la vejación también puede tomar la forma de pesadillas donde la persona sueña que actúa de manera malvada. Esta forma de vejación es similar a la obsesión diabólica.[9] Adam Blai cataloga a las pesadillas demoníacas como señales potenciales (secundarias) de un caso de infestación del hogar por un espíritu maligno. Como él dice, estas no siempre son un indicador, ya que las pesadillas son comunes entre las personas y típicamente indican un proceso de

---

[4] *Demon of Brownsville Road and the case in Gary, Indiana.* (El demonio de la calle Brownsville y el caso de Gary, Indiana)
[5] Ripperger #2
[6] Artículo del padre Grob
[7] *Autobiografía de Teresa*
[8] Artículo del padre Grob
[9] Amorth, 71

estrés. Las pesadillas diabólicas son, como él las llama: persistentes, repetitivas y fuera de lugar para la persona.[10] Para ser un caso de infestación, también estarían presentes señales más dramáticas.

Opresión

La opresión diabólica involucra aquellas cosas que afectan la vida de una persona desde afuera. Esta incluye todos los aspectos de su vida. Por experiencia, los exorcistas han sido testigos de primera mano de estas manifestaciones extraordinarias. El padre Ripperger dice que la opresión diabólica puede aparecer en forma de una dificultad financiera inexplicable, así como la incapacidad de obtener empleo a pesar de estar altamente calificado y solicitar múltiples trabajos o ser despedido repentinamente. La opresión puede manifestarse y hacer que las posesiones de una persona se rompan crónicamente, a pesar de los esfuerzos razonables para mantenerlas en buen estado.[11] El padre Amorth señala que también puede dividir matrimonios, romper amistades y aislar personas.[12] Este es, por supuesto, el objetivo del demonio que, como el padre Grob menciona, vive para infundir miedo y aislamiento en el alma humana.[13]

La vida cotidiana, por ejemplo en el trabajo, también puede verse afectada por la opresión. El padre Ripperger dijo que estaba ayudando a un médico a quien muchos de sus pacientes se negaban a pagar o simplemente no se presentaban a sus citas. Le escribió una oración para que rezara sobre el asunto y el problema quedó resuelto en una semana.[14]

Después de estudiar las enseñanzas del padre Ripperger y discernir las respuestas prudentes a situaciones peculiares, recordé a un amigo que pasó por circunstancias similares a la de este médico. Durante años, tuvo la experiencia de ver clientes con las condiciones más peculiares, complicadas y atípicas. Otros profesionales, con quienes trabajaron, coincidieron en que había algo extraño y que parecía estar siguiéndoles una «nube negra». La experiencia fue la misma en varias oficinas donde

---

[10] Blai, 42
[11] Ripperger #1, #2
[12] Amorth, 72
[13] Artículo del padre Grob
[14] Ripperger #2

Etapas de la influencia diabólica

habían trabajado. Escribí una oración que abordó el problema específico que parecía ser la raíz de todo esto, usando la sabiduría general de la guerra espiritual que enseña el padre y se la di a este amigo. Tal como lo describe el padre, la oración actuó como si bloqueara algo. En los días que este amigo se olvida de rezar la oración, la experiencia en la oficina es tan extraña como solía ser.

La opresión puede afectar las relaciones de varias maneras. Una mujer a quien el padre Ripperger estaba ayudando, sufría de una maldición masónica de la cual logró liberarse. Antes de ese momento, la mujer había estado separada de sus cinco hijas durante muchos años quienes la habían abandonado sin ninguna razón. Una semana después de romper la maldición, las cinco hijas le llamaron queriendo volver a conectar y restaurar su relación con ella.[15]

La opresión puede aparecer como una enfermedad sin explicación natural. A menudo se percibe que es diabólica si no responde adecuadamente al tratamiento o se resuelve mediante las oraciones del exorcista. En un caso, el padre Ripperger estaba ayudando a un hombre con cáncer de páncreas en etapa cuatro. Después de rezar unas oraciones menores de exorcismo sobre el hombre e invocar la ayuda de la Santísima Virgen, el médico lo declaró libre del cáncer. Un año después, sin embargo, hubo una serie de eventos similares con una enfermedad diferente.[16] El padre Fortea está de acuerdo en que, aunque es raro, los demonios pueden causar enfermedades. Hace referencia a la historia de santa Teresa de Lisieux, quien escribió sobre una enfermedad que estaba segura que provenía de un demonio. San Lucas describe un «espíritu de enfermedad» que causó un padecimiento en una mujer que, a pesar de la participación de ese espíritu, no estaba poseída. La enfermedad infligida a Job es otro ejemplo de esta habilidad de los demonios.[17] En una manifestación ligeramente diferente, a veces un demonio, como resultado de una maldición, puede causar una enfermedad en una persona y luego seguir adelante. En este punto, el único remedio requerido es el médico.[18]

Las experiencias en la categoría de opresión suelen ser una señal positiva. Indican que Dios está protegiendo a la persona de otras formas

---

[15] Ibídem
[16] Ibídem
[17] Fortea, 31
[18] Fortea, 113

de ataques demoníacos.[19] Como resultado de esa protección, los demonios, como no pueden llegar a la persona de la manera que desean, la persiguen de esta forma.

Es interesante destacar, mientras discutimos las habilidades maliciosas de los demonios, que nuestros ángeles guardianes están tanto interesados como capacitados para ofrecernos ayuda extraordinaria que es exactamente lo opuesto a lo que los demonios buscan. Nuestros ángeles guardianes introducen pensamientos piadosos en nuestra mente y evitan las sugerencias demoníacas. También pueden revelar cuál es el mejor camino a seguir en una situación determinada. Relevante a esta categoría de opresión, nuestros ángeles guardianes pueden ayudarnos a sanar y curar enfermedades e incluso a dormir mejor. También hay momentos en los que se les permite influir e incluso mover el cuerpo por el bien de la persona.[20] Toda esta actividad angélica puede verse como parte de sus medidas contra los demonios, ya que como dice santo Tomás: «Los mismos demonios son reprimidos por los ángeles buenos para que no hagan todo el daño que quisieren».[21]

Obsesión

A diferencia de la vejación y la opresión, la obsesión es un asalto diabólico interno, que implica un bombardeo de pensamientos en la mente de la persona. El padre Ripperger describe la obsesión diabólica como una situación en la que un demonio está librando una guerra contra la imaginación y las emociones de la persona, a medida que, en algunos casos, pierde control sobre sí misma. Agrega que la persona es libre, pero está cargada de pensamientos obsesivos que son racionalmente absurdos y que la hacen incapaz de pensar de otra manera.[22] El padre Grob agrega que esto puede llevar a la persona a la incapacidad de rezar o concentrarse como resultado de las «voces» que esto causa. Esta experiencia también puede llevarla a considerar el suicidio.[23]

El padre Amorth describe la obsesión como una experiencia en la que la persona está sujeta a una fuerza poderosa que crea actividad

---

[19] Ripperger #3
[20] Ibídem
[21] *Suma Teológica I*, C. 113, A 4
[22] Ripperger #3
[23] Artículo del padre Grob

Etapas de la influencia diabólica

mental en ella, que es repetitiva, obsesiva e irresistible. Puede incluir visiones, voces, alucinaciones e imágenes perturbadoras. Si bien no se apodera completamente de la mente, sí la condiciona en su relación con el mundo. Dado que estos trastornos obsesivos son muy similares a las patologías mentales, es necesario buscar asistencia médica para garantizar que la enfermedad no sea estrictamente natural.[24]

El padre Ripperger estima, según su experiencia, que alrededor del 25 por ciento de las personas en los Estados Unidos de América están diabólicamente obsesionadas. El uso generalizado de pornografía está influyendo mucho en esto. La obsesión diabólica también se está volviendo muy común estos días debido a la pecaminosidad que caracteriza cada vez más la vida de las personas.[25]

De acuerdo con el padre Ripperger, la obsesión diabólica puede ir y venir, y no ser persistente. Comienza rápidamente y puede terminar también rápidamente, trayendo emociones fuertes que no se basan en la realidad. La persona puede enojarse extraordinariamente sin razón alguna o deprimirse en alto grado y luego puede levantarse repentinamente y parar. Dice que nuestro Señor no permite una obsesión constante, sino una que va y viene con altibajos. Si la situación no se aborda adecuadamente, la obsesión puede volverse más intensa.[26]

Existe una enfermedad sicológica real, la bipolaridad, que se asemeja a la obsesión diabólica y es importante diferenciarlas. A menudo, como el padre Ripperger dice, la bipolaridad termina siendo una obsesión diabólica o tiene un componente diabólico. El padre dice que ha tenido un éxito maravilloso al rezar el antiguo rito del exorcismo sobre las personas con trastorno bipolar.[27] A veces, después de repetidas sesiones de oración, los síntomas desaparecen gradualmente por períodos más largos y permiten a las personas dejar de tomar sus medicamentos. Recurrir a la Confesión trae resultados similares para aquellos que sufren de influencia diabólica. Después de la Confesión, las tentaciones disminuirán pero luego reaparecerán. Cuando el problema es solo sicológico, la Confesión no tiene el mismo impacto.[28]

---

[24] Amorth, 72
[25] Ripperger #5
[26] Ripperger #2
[27] El rito del exorcismo fue modificado en 1999.
[28] Ripperger #2

MATANDO DRAGONES

La mejor manera de combatir la obsesión diabólica es la humildad y la oración mental. La humildad es lo más poderoso para protegerse. San Luis de Montfort dice que los siervos de María, en unión con ella, aplastarán la cabeza de Satanás con su humildad.[29] San Luis de Montfort tiene una poderosa declaración sobre la humildad, que vale la pena citar en su totalidad en el presente contexto:

> Los demonios, ladrones muy astutos, quieren sorprendernos de improviso para robarnos y desvalijarnos. Espían día y noche el momento favorable para ello. Nos rodean incesantemente para devorarnos y arrebatarnos en un momento –por un solo pecado– todas las gracias y méritos logrados en muchos años. Su malicia, su pericia, su astucia y número deben hacernos temer infinitamente esta desgracia, ya que personas más llenas de gracia, más ricas en virtudes, más experimentadas y elevadas en santidad que nosotros han sido sorprendidas, robadas y saqueadas lastimosamente. ¡Ah! ¡Cuántos cedros del Líbano y estrellas del firmamento cayeron miserablemente y perdieron en poco tiempo su elevación y claridad! Y ¿cuál es la causa? No fue falta de gracia. Que Dios a nadie la niega. Sino ¡falta de humildad! Se consideraron capaces de conservar sus tesoros. Se fiaron de sí mismos y se apoyaron en sus propias fuerzas. Creyeron bastante segura su casa y suficientemente fuertes sus cofres para guardar el precioso tesoro de la gracia, y por este apoyo imperceptible en sí mismos –aunque les parecía que se apoyaban solamente en la gracia de Dios–, el Señor, que es la justicia misma, abandonándolos a sí mismos, permitió que fueran saqueados. ¡Ay! Si hubieran conocido la devoción.[30]

Dado que la soberbia es una corrupción de la forma en que pensamos, practicar la custodia de la mente es de gran beneficio para controlar nuestros pensamientos y estar más alerta ante el comienzo de las tentaciones. Antes de que la obsesión tenga tiempo de establecerse en su

---

[29] *La verdadera devoción*, 54
[30] *La verdadera devoción*, 88

Etapas de la influencia diabólica

mente, la oración mental[31] y la meditación pueden romper la obsesión, evitar que se arraigue y sea problemática. San Alfonso dice que la meditación es la hoguera venturosa donde se enciende el amor divino.[32] Él agrega: «Dios nos ilumina en la meditación y nos habla interiormente, enseñándonos lo que debemos hacer y las cosas de que debemos huir».[33] Las oraciones de liberación[34] también son útiles para lidiar con la obsesión.

Posesión

Más severa que todas las otras formas de influencia diabólica que se han mencionado anteriormente, la posesión es cuando un demonio se hace cargo de una parte (parcial) o de todo el cuerpo (total) de una persona. Usualmente, la posesión es solo parcial. La posesión total es la forma más grave y hace que todo el cuerpo esté sujeto al demonio. Los casos de posesión diabólica son raros. Hay muchos más casos de vejación, obsesión e infestación.[35] Sin embargo, esta forma de influencia diabólica se está haciendo más común ahora al igual que las otras formas menores. El padre Ripperger afirma que aproximadamente 3 de cada 150 casos que investiga terminan siendo casos de posesión. El padre Grob estima que alrededor del 85 por ciento de las personas que acuden a él, no necesitan un exorcista. Algunos, sin embargo, necesitan un sacerdote, pero otros solo se beneficiarían de un consejero.[36]

Hay tres formas en las que una persona puede ser poseída. No siempre es el resultado de un acto malvado realizado por ella misma. Una persona puede ser poseída debido al pecado mortal,[37] que es lo más común. Como dice el padre Fortea, la gente puede ser poseída haciendo

---

[31] Es definida por santa Teresa de Ávila como una amistad íntima, una frecuente relación sincera con Dios por quien sabemos que somos amados.
[32] San Alfonso compara a la oración mental con la meditación.
[33] *Preparación para la muerte*
[34] Por sacerdotes, o por uno mismo, con una oración debidamente aprobada.
[35] Amorth, 66
[36] Video del padre Grob
[37] El pecado mortal conduce a la muerte espiritual. Después de cometer un pecado mortal, y antes de confesar ese pecado, un hombre está en «estado de pecado mortal». Este es un estado sin la protección de la gracia de Dios y, por lo tanto, vulnerable a la actividad interna y externa de Satanás.

un pacto con el diablo, participando en sesiones espiritistas, cultos satánicos, ritos esotéricos, ofreciendo un hijo a Satanás o siendo víctima de brujería. Además, él dice que la posesión no es contagiosa, se debe abrir una puerta.[38] Los pecados mortales que conducen a la posesión no son necesariamente pecados extremos como el asesinato, sino que incluyen también la soberbia y la fornicación.

Una persona también puede ser poseída como resultado de algo gravemente malo que le ha sucedido y de lo que no ha logrado una sanación adecuada. Esto puede enviar a la persona en una espiral descendente, atrapada en un mundo de emociones negativas.[39] Finalmente, la posesión también puede producirse simplemente por la voluntad de Dios, que, por supuesto, es mucho más rara que cualquier otra manifestación de lo demoníaco.[40]

Algunas personas poseídas pueden mantener trabajos y llevar una vida normal, sin que nadie sepa que están poseídas.[41] El demonio solo se manifestará de vez en cuando.[42] Otras puede ser que no puedan funcionar en lo absoluto y sean incapaces de rezar. Los síntomas de posesión pueden alternar entre posesión y vida normal. A veces, la posesión se manifestará cuando es provocada por eventos externos, como estrés o una experiencia de lo sagrado, como en el rito del exorcismo.[43]

Cuando el demonio se manifiesta, la persona no tiene control de lo que está haciendo. Algunas personas esencialmente se desmayan y no tienen idea de lo que está sucediendo. Los demonios también pueden suprimir las facultades del cuerpo tanto que parece como si la persona simplemente estuviera mirando al demonio usar su cuerpo.[44] Los poseídos pueden estar sujetos a asaltos internos del demonio, incluyendo piernas temblorosas, dolores de cabeza y otros dolores o enfermedades. En los casos más graves, la persona no puede tener una vida estable. Cada caso es diferente. Algunos pueden rezar e ir a Misa, mientras que otros no.[45]

---

[38] Fortea, 82
[39] Video del padre Grob
[40] Leer el Capítulo 9 para más detalle.
[41] Amorth, 82
[42] Ripperger #2
[43] Amorth, 67
[44] Ripperger #3
[45] Amorth, 82

Etapas de la influencia diabólica

Liberar a una persona de una posesión total es difícil, ya que en este caso, la persona ha entregado su voluntad al demonio. Lo primero que debe hacer el exorcista es preguntarle a la persona si quiere ser liberada.[46] Por sorprendente que sea, hay algunas personas poseídas que no desean ser liberadas. En el caso de posesión, como el padre Ripperger describe, el demonio establece una relación abusiva con el poseído. Puede comenzar como una relación de esclavitud pacífica, pero una vez que la persona se resiste al demonio, la relación se vuelve abusiva.[47]

La tentación de un demonio procede de un análisis cuidadoso para lograr con éxito el resultado deseado.[48] Sin embargo, su decisión de meterse en una persona cuando la puerta está abierta no está necesariamente bien pensada. Aunque tienen libre albedrío, los demonios no poseen virtud, lo que les impide ceder a la tentación de poseer a alguien, especialmente cuando deberían ser capaces de ver que eso terminará causándoles mucho sufrimiento. En cambio, esclavizados por su voluntad y aferrados al mal, los demonios son impulsivos y buscan la gratificación inmediata del daño que pueden infligir.[49]

Cuando tientan a la persona e intentan poseerla, buscan ciertas señales fisiológicas que revelan que la persona ha dado su consentimiento. Los demonios no pueden conocer la voluntad de la persona específicamente, ya que esto no está en los poderes de la naturaleza angélica. Son capaces de leer las reacciones corporales que vienen con los pensamientos de la persona y que muestran que esta ha dado su consentimiento. Como el padre Ripperger señala, la ciencia moderna ha confirmado que hay señales corporales que acompañan los pensamientos de una persona, como cuando está mintiendo. Los demonios saben que deben estar atentos a estas para determinar los pensamientos de la persona.[50] Como el padre Amorth dice, un demonio no puede leer nuestros pensamientos, solo pueden suponerlos observando nuestro comportamiento. No es una operación complicada para él, teniendo una inteligencia extremadamente fina. Un demonio puede

---

[46] Ripperger #1
[47] Ibídem
[48] Fortea, 50
[49] Fortea, 84
[50] Ripperger #3

decidir cómo tentarnos observando lo que leemos, vemos, decimos, experimentamos, los compañeros que elegimos e incluso nuestras miradas; de todo esto puede discernir dónde nos tentará y en qué momento en particular. Y eso es lo que hace.[51]

Subyugación

La última forma de influencia diabólica se llama subyugación. Como el padre Ripperger dice, esto implica literalmente hacer un pacto con el diablo o un demonio y someterse a su señorío.[52] Es un acuerdo con el diablo basado en algo que este ha ofrecido. El concepto de hacer un pacto con el diablo ocurre ya desde el siglo V, según lo registrado por San Jerónimo. Hacer un pacto con el diablo no siempre trae lo que se desea, como lo han atestiguado los exorcistas. El diablo es un mentiroso, no un benefactor.[53] Satanás no puede entrar realmente en un contrato de este tipo, porque no puede garantizar que dará lo que ha prometido. El diablo no puede hacer nada a menos que Dios lo permita. Sin embargo, a veces estos pactos producen lo que prometen.[54]

De acuerdo con el padre Amorth, cuando alguien se convierte en satanista, la experiencia típica es que al principio todas las promesas resultan fáciles y lucen como un asunto grande y hermoso. En poco tiempo, sin embargo, queda claro que Satanás lo ha llevado a dar un paseo y su vida se convierte en un sufrimiento intenso. El padre Amorth ha sido testigo de cómo Satanás cumplió sus promesas de éxito y riqueza, solo para luego exigir rápidamente el alma de la persona involucrada, llevándola a momentos de intenso odio hacia los demás, lo que difícilmente puede resistir.[55]

A pesar del defecto de dicho contrato, estos todavía suceden. De acuerdo con el padre Ripperger, estos pactos son más comunes de lo que la gente piensa, especialmente en Hollywood, donde es un gran problema.[56] Muchos de estos son bien conocidos públicamente. Se reporta por ejemplo, que John Lennon, hizo un pacto con el diablo antes

---

[51] Amorth, 20
[52] Ripperger #3
[53] Fortea, 29
[54] Ripperger #2
[55] Amorth, 34
[56] Ripperger #2

Etapas de la influencia diabólica

de que él y los Beatles se hicieran famosos. El pacto implicó un período de veinte años. Casi a los veinte años del día del pacto, John Lennon fue asesinado.[57] Esta forma de influencia diabólica suele ser la más difícil de romper. Hay muchos factores que hacen que estos pactos sean tan fuertes. Como el padre Fortea dice, el gran poder destructivo de un pacto es que la persona puede pensar que está condenada sin importar lo que haga.[58] Si se puede llegar a la persona con la esperanza de la gracia, entonces, por supuesto, sería posible vencer el contrato y los efectos diabólicos que este ha traído.

Sin embargo, hay algunas personas que eligen el mal y desean permanecer en él. La madre y la hermana de un joven lo llevaron a ver al padre Amorth. Este hombre fumaba, maldecía, y usaba y vendía drogas. Cuando el padre Amorth comenzó a rezar con él, el demonio se manifestó violentamente y el padre tuvo que parar. Después de decirle al hombre que estaba poseído, el hombre declaró que ya estaba al tanto de ese hecho y que no tenía ningún problema al respecto. El padre Amorth nunca más volvió a verlo.[59]

Esta opción de permanecer poseído se puede conectar con la promesa original de compañía o poder que el demonio ofreció. La fascinación al poder, camaradería y aprobación de todas las emociones negativas que la persona ha estado experimentando, pueden llevarla a consentir que el demonio entre más y más profundamente en su vida. La persona puede haber permitido voluntariamente que se produzca la posesión como resultado de este enfoque. Eventualmente, la persona puede sentirse tan apegada al demonio que «no sabe quién es sin el demonio, a pesar de que su presencia es aterradora».[60]

---

[57] Referido en las biografías de Lennon, como las de Ray Coleman, Albert Goldman y Joseph Niezgoda, además de otros documentales sobre los Beatles.
[58] Fortea, 30
[59] Amorth, 76
[60] Blai, 20

Compendio III

+ Los demonios imparten inteligentemente pensamientos en nuestra mente de forma casi imposible de detectar.
+ A veces los demonios atacan la mente, abrumándola con ideas e imágenes, con el objeto de romper la voluntad y empujar a la persona al pecado.
+ Toda la humanidad está sujeta a la tentación ordinaria y debe luchar diariamente para evitar el pecado.
+ La actividad diabólica extraordinaria suele ser rara, pero hoy en día se está haciendo más común.
+ Para sufrir de esta, usualmente se debe abrir voluntariamente una puerta a lo diabólico, ya sea por el individuo o por otra persona en contra del individuo.
+ En estas manifestaciones extraordinarias, a los demonios se les permite atacar la imaginación, los sentidos, las pertenencias y, a veces, el cuerpo de la persona.
+ Los demonios también pueden orquestar eventos externos de una manera diseñada para infligir daño o sufrimiento a la persona o agravar su vida.
+ Los demonios también pueden causar enfermedades aparentes. Estas se manifestarán simplemente por síntomas que asemejen una enfermedad real, pero solo serán expulsadas por las oraciones.
+ Los medios para protegernos contra la obsesión diabólica son la humildad, la oración mental y la meditación, así como recurrir a nuestro ángel guardián.
+ Los demonios nos observan y estudian, pero no pueden ver nuestros pensamientos. Construyen su ataque alrededor de nuestras debilidades y heridas.
+ Algunas personas eligen hacer pactos con el diablo. Si bien el diablo es un mentiroso, a menudo todavía da lo que promete, pero destruye por completo la vida de la persona en el proceso, de una manera estratégicamente diseñada para llevarla a la condenación.

Capítulo 4

Autoridad de nuestro Señor sobre los demonios

Como es obvio por las enseñanzas de nuestra santa Fe Católica, Dios es el Supremo sobre todas las cosas. Él es el único Creador y todo lo que existe le debe su existencia. Además, ninguna criatura es capaz de operar fuera de lo que Dios le ha otorgado en su naturaleza. Las criaturas con libre albedrío son capaces de actuar contra su propia naturaleza, pero solo de una manera que le destruye, no de una manera que le eleva. Solo Dios, a través de su gracia, es capaz de elevar la naturaleza de una criatura a un estado superior. Aquí veremos algunas de las formas en las que Dios, aunque permite la actividad rebelde de los demonios, les impide hacer más de lo que les ha concedido.

Al contrario de lo que muchos podrían pensar, los demonios, aunque están en un estado de rebelión contra Dios, no son completamente independientes de él. Esa era una de las cosas que Satanás deseaba tener, como lo describió santo Tomás: «la bienaventuranza final por su capacidad, lo cual sólo es propio de Dios».[1] Esto no le fue posible, ya que él fue y siempre será una simple criatura, necesariamente dependiente de Dios. Aunque pueden rebelarse, los demonios no pueden tener un motín completo y exitoso porque Dios es por naturaleza el único Omnipotente.

Como resultado, Satanás y los demonios están completamente bajo el control de nuestro Señor. Todo lo que hacen es, por lo tanto, lo que él permite, a pesar de que todos estos actos rebeldes son contrarios a su deseo para ellos. Las acciones de los demonios caen bajo la voluntad permisiva del Señor. Dios consiente lo que es beneficioso para nosotros espiritualmente y lo que podemos usar ventajosamente. Por lo tanto,

---

[1] *Suma Teológica* 1, C. 63, A3

incluso la actividad de los demonios se puede utilizar para nuestro beneficio. El padre Ripperger dice: Los demonios están bien controlados; Cristo tiene el control absoluto sobre todo en el ámbito espiritual y los demonios lo saben.[2]

Recordemos cuando nuestro Señor envía los demonios a los puercos.[3] Dentro del hombre estaba «Legión», lo que significa que habían entrado en él muchos demonios. Cuando el hombre vio a Jesús por primera vez, los demonios gritaron y pidieron a Jesús que no los atormentara. Luego le pidieron que no los enviara al infierno, pero solicitaron que se les dejara entrar en la piara de puercos. Entonces nuestro Señor lo permitió y se apartaron inmediatamente del hombre, entraron en los puercos y se arrojaron al mar por el acantilado. Este es un claro ejemplo de cómo los demonios saben que Cristo tiene la única voz en estos asuntos. A pesar de que se rebelan contra él en todas las formas posibles, cuando él aparece ante ellos, caen de bruces, se arrastran, ruegan y obedecen.

Santo Tomás comenta, sobre el Evangelio según san Mateo,[4] la reacción de nuestro Señor ante la tentación final que Satanás trajo contra él. En esta escena, podemos ver cómo nuestro Señor mismo soportó las tentaciones del diablo, pero solo hasta cierto punto. Santo Tomás dice que hay que tener en cuenta que Cristo había escuchado muchos insultos, pero no le importó. Pero esto: «si te postras y me adoras», no lo aguantó, porque los demás fueron insultos contra sí mismo, pero este fue un insulto contra Dios. Santo Tomás afirma que los dos primeros insultos fueron contra la naturaleza humana de Cristo, pero el último, que buscaba su adoración, ofendió a Dios directamente. Santo Tomás continúa: Por lo tanto, él dice «¡Vete, Satanás!». Note también que no está en el poder del diablo tentar tanto como quiera, sino tanto como Dios lo permita, por eso dice «¡Vete!». Santo Tomás cita en este contexto lo que el Señor le dice a Job sobre su creación del mar, aplicándolo aquí a los demonios: «Hasta aquí llegarás, no pasarás, aquí se estrellará el orgullo de tus olas».[5]

---

[2] Ripperger #6
[3] Lucas 8, 26-39
[4] Comentario de santo Tomas, Evangelio de san Mateo 4
[5] Job 38, 11

Autoridad de nuestro Señor sobre los demonios

Aunque los demonios están bien controlados, Dios no les impide entrar en nuestras vidas, ya sea para nuestro crecimiento espiritual o como castigo. Nuestro Señor determina lo que el demonio puede y no puede hacer, una vez que la persona invita al demonio o si el demonio llega por su cuenta. Santa Teresa de Ávila, quien a menudo era asaltada por los demonios, fue consolada enormemente a pesar de los continuos ataques, cuando se dio cuenta de lo limitados que estaban los demonios en cuanto a su poder contra ella. Ella comentó: «Son tantas veces las que estos malditos me atormentan y tan poco el miedo que yo tengo, con ver que no se pueden menear si el Señor no les da licencia».[6]

En un exorcismo, el padre Ripperger vio a una mujer que estaba poseída solo en su espalda baja.[7] Cuando obtuvo información del demonio, este admitió que no sabía por qué poseía solo esa parte. Todo lo que el demonio admitió saber, era que Cristo le había restringido a esa parte del cuerpo cuando había entrado en la mujer. Además, con respecto a la obsesión diabólica, el padre Ripperger dice que nuestro Señor no permite una obsesión constante. Al demonio solo se le permite obsesionar la mente por un período de tiempo, antes de otorgarle alivio a la persona. La obsesión volverá más tarde, especialmente si la persona no busca resolver su problema.[8]

Nuestro Señor también ejerce su autoridad sobre los demonios mediante el uso de lo que el padre Ripperger se refiere como «némesis» (que significa enemigo). Cuando el exorcista obtiene el nombre del demonio que es el poseedor, puede invocar la ayuda del némesis de ese demonio. El némesis puede ser nuestro Señor o la Santísima Virgen, bajo un título específico o uno de los santos. El padre Amorth dice que los demonios a menudo se refieren a la Santísima Virgen como la «ladrona de almas» y a los santos como los «asesinos». Los demonios no pronunciarán los nombres de Jesús, María o de los santos durante un exorcismo, a menos que estén bajo coacción y obligados a hacerlo.[9] El padre Ripperger dice que cada demonio tiene un némesis: el de Lucifer es Cristo, el de Satanás es el Padre, el de Belcebú es el Inmaculado Corazón. Otro ejemplo es santa Catalina de Siena. Ella es la némesis del «demonio del mediodía» quien admitió esto durante un exorcismo

---

[6] *Autobiografía de Teresa*
[7] Ripperger #6
[8] Ripperger #2
[9] Amorth, 127

debido al hecho de que ella lo conquistó en su vida terrenal.[10] El demonio del mediodía proviene del Salmo 91 y se entiende que es el demonio de la acedia o flojera y pereza espiritual.

El padre Piero Catalano, alumno del padre Amorth, invoca la asistencia del padre Pio durante los exorcismos que realiza. Cuando el padre Pio comienza a ayudar, el padre Catalano relata que la persona poseída tiene miedo y dice: «allí está el barbudo». Y él responde: «¿por casualidad se llama san Pío de Pieltrecina?» Y el poseído declara: «No, se llama Francesco Forgione». El diablo incluso tiene miedo de nombrarlo.[11] El padre Amorth refirió un éxito similar que tuvo al invocar la asistencia del papa san Juan Pablo II. Él comenta: «Cuando pronuncio su nombre, los demonios literalmente se enfurecen».[12]

El padre Carlos Martins contó una historia fascinante sobre su amigo exorcista, con el seudónimo de «padre Jorge», a quien el demonio reveló durante un exorcismo, que su enemigo era santo Tomás Becket. Al día siguiente, el padre Jorge habló con el padre Martins y le contó sobre el némesis del demonio. El padre Martins dirige «Tesoros de la Iglesia», una organización de renombre que viaja por el mundo y presenta alrededor de 150 reliquias de grandes santos para que los fieles veneren. El padre Martins inmediatamente envió una reliquia de primera clase del santo Tomás Becket a su amigo quien la usó en el exorcismo. El padre Martins dice que cuando el exorcista aplicó la reliquia, el efecto fue como si todo el infierno se desatara. El demonio gritó horriblemente como si estuviera siendo torturado. De hecho, la reacción fue tal, que dejó al padre Jorge desconcertado. Bajo esa tortura, el demonio posteriormente reveló que él era quien había poseído a los hombres del rey que asesinaron a Tomás Becket.[13]

La protección que reciben los sacerdotes con la ayuda de estos némesis y otras protecciones que brinda nuestro Señor son reconfortantes para los exorcistas. Dos ejemplos demostrarán la razón. El padre Catalano reveló que en un exorcismo, el demonio trató de tentarlo para que abandonara su ministerio, ofreciéndole riquezas mundanas. Cuando el

---

[10] Ripperger #1, #7
[11] Artículo del padre Piero Catalano, por Gelsomino del Guercio de Aleteia.org, de una entrevista publicada originalmente por el *Corriere Della Sera*, Dic. 2017, por Antonio Crispino.
[12] Amorth, 126
[13] http://www.courageouspriest.com/warning-attempt-exorcism-home

Autoridad de nuestro Señor sobre los demonios

padre declinó, el demonio le respondió: Si pudiera, te mataría al instante.[14] El padre Ripperger tuvo un encuentro muy similar al exorcizar al demonio del mediodía mencionado anteriormente. Durante el exorcismo, el demonio se detuvo y le dijo: Si no estuvieras protegido, te rompería el cuello.[15] Esto se remonta a lo que el padre Fortea dijo sobre la incapacidad de amar de los demonios: La capacidad de amar ha sido aniquilada en la sicología de un demonio.[16] Todo lo que queda, como se ve en el trabajo de los exorcistas, es un odio brutal. Por supuesto, como también hemos visto, los demonios no pueden tocarnos, a menos que Dios lo permita y generalmente no lo hace.

Desafortunadamente, como nos dice el padre Thomas, Dios permite en algunas ocasiones, aunque muy rara vez, que un sacerdote sea herido durante un exorcismo. Cuando él estaba ayudando a entrenar a un nuevo exorcista, la persona poseída que estaba sujetada por cinco hombres fuertes, pudo escapar de las manos de esos hombres y atacar al sacerdote que estaba observando el exorcismo. Desafortunadamente el sacerdote resultó un poco herido.[17] Esto fue considerado como una señal de que el sacerdote fue favorecido por Dios de una manera especial para este ministerio y como resultado, el demonio se enfureció.

Después de un exorcismo exitoso, cuando el demonio ha sido expulsado, depende de nuestro Señor, no del exorcista, a dónde envía al demonio. El padre Ripperger dice que los demonios odian admitir que todos, incluso ellos mismos son esclavos de Cristo y están sujetos a sus órdenes. No obstante, nuestro Señor decide a dónde van.[18] Además del ejemplo de Legión, nuestro Señor expresa claramente[19] que después de ser expulsados de una persona, los demonios deambulan por la tierra, inquietos y a menudo regresan a la persona que habían poseído anteriormente.[20] Además, él afirma que traen demonios más fuertes con ellos a su regreso.

---

[14] Artículo del padre Piero Catalano
[15] Ripperger #6
[16] Fortea, 18
[17] Padre Thomas #2
[18] Ripperger #1
[19] Mateo 12, 43
[20] Leer en el Capítulo 9 la breve historia de una mujer a quien el padre observó que logró un alto grado de santidad como resultado de su lucha contra la posesión. Leer también el Capítulo 10 sobre cómo proteger su vida espiritual contra la actividad diabólica.

MATANDO DRAGONES

El padre Ripperger dice que es trabajo del exorcista hacer del proceso de expulsión del demonio algo tan doloroso para ellos, que prefieran estar en el infierno, antes que poseer a alguien otra vez.[21] Él emplea a menudo el término «palizas» para describir lo que el demonio está experimentando en el proceso. Por su parte, el padre Fortea usa la palabra «tortura» para referirse a lo que el demonio soporta en el exorcismo.[22] El padre Thomas también habla del poder del ritual del exorcismo para infligir dolor a los demonios. Él dice que ha visto que cuando reza esas oraciones, y las dice sinceramente, provocan un daño y dolor increíble a estos demonios.[23]

Aunque los demonios buscan devorarnos a todos cuando nos encuentran en pecado o nos persuaden exitosamente a que caigamos, Dios les impide poseernos, aunque, como el padre Ripperger dice, este es el propio efecto del pecado mortal.[24] Por lo tanto, la misericordia de Dios hacia el hombre domina las habilidades naturales de los demonios, en la mayoría de los casos. El padre Ripperger describe cómo las criaturas racionales se mantienen en una de las cinco relaciones con la misericordia de Dios: los ángeles no necesitan la misericordia de Dios; los demonios no reclaman la misericordia de Dios y se han separado de ella; los condenados en el infierno la tuvieron en un momento, pero la rechazaron; los santos en el cielo la tienen completamente; y los hombres en la tierra la reciben al menos parcialmente en todo momento porque Dios está bloqueando todos los efectos del pecado y los poderes demoníacos.[25] Cada vez que cometemos un pecado mortal, merecemos la condenación, pero Dios primero nos ofrece misericordia. Cada vez que cometemos un pecado mortal, abrimos la puerta a los demonios para que nos posean, pero Dios los bloquea en la mayoría de los casos.

En el nombre de Jesús

Un punto final. A lo largo de la historia, como dice el padre Amorth, todas las culturas han tenido cierto conocimiento de la posesión diabólica. Los antiguos rituales que se usaban para proteger a las

---

[21] Ripperger #1
[22] Fortea, 109
[23] Padre Thomas #2
[24] Ripperger #1
[25] Ripperger #3

Autoridad de nuestro Señor sobre los demonios

personas de las fuerzas malignas, pueden verse como «precursores de la oración del exorcismo que aún no estaba iluminada por la verdad de Cristo». Como podemos ver en los Evangelios, los judíos también practicaban rituales de exorcismo. Sin embargo, cuando nuestro Señor comenzó su ministerio público, no usaba los rituales judíos, sino que «expulsaba a los demonios basándose únicamente en el poder de su palabra».[26] Cuando los apóstoles regresaron a nuestro Señor después de haber sido enviados, recalcaron con alegría: «¡Señor, hasta los demonios se nos someten en tu nombre!»[27]

En la batalla espiritual, invocamos el Nombre de Jesús para ganar autoridad sobre los demonios que nos están acosando y para repelerlos y dispersarlos. Esto también es un elemento fundamental y poderoso en el rito del exorcismo. El poder del Santo Nombre de Jesús está maravillosamente atestiguado en la Sagrada Escritura: mediante la invocación del Santo Nombre de Jesús, se perdonan pecados,[28] se realizan curaciones,[29] se proclama la verdad,[30] se expulsan demonios,[31] se rechazan divisiones,[32] se condena el pecado[33], y se manifiesta el poder y la autoridad de nuestro Señor.[34]

También invocamos los nombres de todas las cosas que están santificadas por su profunda relación con nuestro Señor. Por consiguiente, se invoca a la Virgen María y a los santos, porque conquistaron al demonio y este no ha olvidado la vergüenza que experimentó al perder esas batallas. Además, estos santos, que han merecido estar sentados en la gloria entre los ángeles en el cielo, han obtenido, a través de su victoria, cierta autoridad sobre el mal y la obra de salvación. Los demonios ahora les temen porque saben y ven que Dios está trabajando a través de ellos. El padre Ripperger dice que los demonios saben si alguien está en el cielo o en el purgatorio. Un santo dijo que Dios ocasionalmente retira la separación entre el infierno y el cielo, permitiendo que los condenados y los demonios vean a los bienaventurados

---

[26] Amorth, 97
[27] Lucas 10, 17
[28] Hechos 2, 38
[29] Hechos 3, 6
[30] Hechos 4, 18
[31] Hechos 16, 18
[32] I Corintios 1, 10
[33] I Corintios 5, 4
[34] Filipenses 2, 9-11

disfrutando de Dios. Pueden ver cómo disfrutan los bienaventurados, pero no pueden ver a Dios.[35]

Invocamos además aquellas cosas que son el medio principal de la victoria de nuestro Señor sobre el mal. Por lo tanto, se invoca su Nombre, ya que se refiere a su persona. Se invoca la Santa Cruz, porque es la señal de su victoria sobre el mal. Una invocación muy poderosa es la de la Preciosísima Sangre de Jesús. La Preciosísima Sangre es importante por una razón fundamental: es esa la Sangre que fue derramada como sacrificio por el mismo Jesús cuyo nombre es todopoderoso, que fue derramada para rescatarnos de la cautividad del diablo y santificarnos con su propia vida divina. La invocación de la Preciosísima Sangre de Jesús solemnemente declara e imparte la derrota del poder de Satanás sobre las almas.

Nuestro Señor es verdaderamente soberano sobre la batalla espiritual en la que nos encontramos. No nos abandona cuando consiente la obra del mal porque este permiso solo está orientado a lograr un bien mayor. Además, no permite que la obra del mal opere con un poder que excede nuestra propia fuerza, siempre y cuando permanezcamos en él.

Aspiraciones devotas a la Preciosa Sangre de Jesucristo[36]

> Viva, viva Jesús, que por mi salvación
> derramó toda la sangre de su corazón.
> La sangre de Jesús fue mi vida;
> bendita sea su bondad infinita.
> Sea siempre alabada la sangre del Crucificado.
> Que al mundo del infierno ha rescatado.
> Esta Sangre por bebida se nos ha dado,
> y del pecado a las almas ha lavado.
> La Sangre de Jesús aplaca la indignación
> del Eterno, y nos lleva a su mansión.
> Si la sangre de Abel clama venganza,
> por nos la de Jesús perdón alcanza.

---

[35] Ripperger #1
[36] Tomado de *Colección de oraciones y obras piadosas*: https://books.google.com/books/about/Colecc%C3%AC%C3%B3n_de_oraciones_y_obras_piadosa.html?id=47YaoZV0OR4C.

Autoridad de nuestro Señor sobre los demonios

Si de esta sangre nuestro corazón se llena,
el ministro del furor divino pronto se ahuyenta.
Si la divina sangre de Jesús se enaltece,
triunfa el Cielo y el abismo se entristece.
Digamos juntos con gran confianza
A la sangre de Jesús dese alabanza

Compendio IV

+ Nuestro Señor tiene control absoluto sobre los demonios. Ellos solo pueden hacer lo que Dios les permite.
+ En la mayoría de los casos, Dios bloquea a los demonios a que hagan con nosotros lo que ellos prefieran.
+ La Sagrada Escritura, la vida de los santos y el trabajo de los exorcistas demuestran la realidad de la limitación de la actividad diabólica.
+ Los ángeles y los santos trabajan constantemente en contra de la acción de los demonios. Ciertos santos se enfrentan a ciertos demonios para bloquear y oponerse específicamente a sus malvados esfuerzos.
+ El trabajo de la comunión de los santos es importante porque los exorcistas pueden ver cuánto nos odian los demonios y también a ellos, a menudo, por boca de los mismos demonios.
+ El exorcismo inflige al demonio un verdadero dolor que como resultado es efectivo para expulsarlo del cuerpo de una persona.
+ Los demonios temen todo lo que señala a Dios o ha sido santificado por su unión con él, especialmente el Santo Nombre de Jesús y la invocación de la Preciosísima Sangre de Jesús.

Capítulo 5

Cómo saben los exorcistas lo que saben

Cuando se escucha a un exorcista dar una charla, la mayoría de las personas, en algún momento, se detienen y reflexionan sobre cómo aprendió lo que nos está diciendo. ¿Hay cursos sobre demonología y exorcismo en el seminario? ¿Existen manuales en los cuales la Iglesia ha registrado todo lo que los exorcistas han aprendido y que el Vaticano distribuye a los sacerdotes en todo el mundo? Si bien hay algunos cursos y manuales, no es tan sencillo capacitar a un exorcista.

 El arte de exorcizar demonios es una dimensión menos clara y completamente revelada de la teología católica, ya que es una acumulación de información resultante de las interacciones con los demonios por parte de sacerdotes que poseen autoridad para darles órdenes. Hay muchas enseñanzas que instruyen a los sacerdotes y les proporcionan una base de conocimiento a medida que comienzan sus encuentros con los demonios. Estas enseñanzas provienen de la Sagrada Escritura, el Magisterio y los padres de la Iglesia, los santos iluminados y los doctores de la Iglesia, en particular santo Tomás de Aquino. También hay muchas reglas que deben seguirse durante el curso de un exorcismo, como se estipula en el Rito del Exorcismo de la Iglesia. Sin embargo, es la experiencia colectiva de los exorcistas lo que les ha proporcionado las mejores y más concretas herramientas para el oficio. Los exorcistas saben lo que saben porque les fue transmitido por la generación anterior de exorcistas. Muchos de los problemas que estamos experimentando hoy son el resultado de una interrupción en la transmisión de este conocimiento, debido a la actual era de incredulidad.

 Desafortunadamente, esta incredulidad se extiende a la jerarquía de la misma Iglesia, como señala el padre Thomas. Tal vez como resultado de los efectos del escándalo de abuso en los Estados Unidos de América, muchos obispos, señala él, no quieren involucrarse en el tema

MATANDO DRAGONES

de la actividad diabólica. Además, hay solo unos pocos obispos que parecen saber mucho sobre la práctica del exorcismo.[1] Un obispo le dijo una vez al padre Amorth que no había designado a ningún exorcista porque tenía miedo del diablo. La idea de que dejando al diablo en paz le ayudará a mantenerse a salvo, es exactamente opuesta a la verdad. El padre Amorth dice que mientras más luche contra él, más se mantendrá alejado de usted.[2]

Como discutimos brevemente en el Capítulo 1, al diablo le encanta cuando estamos heridos. Basado en lo que los exorcistas han dicho sobre la cobardía de algunos obispos, pareciera que el diablo se está aprovechando del temor que muchos de ellos sienten, el cual comenzó con el escándalo de abuso y su subsiguiente pérdida de credibilidad. Sin embargo, puede ir más allá de eso. Como el padre Thomas también dijo: Algunos obispos simplemente no creen, ¡me lo han dicho![3] Ya sea por miedo o incredulidad, si no nos oponemos al diablo, él ganará terreno contra nosotros. Como afirma el padre Amorth: «Mientras más tememos al diablo, más nos ataca».[4]

Como resultado de esta situación, los sacerdotes llamados a ser exorcistas no siempre reciben el apoyo y aliento que necesitan y merecen. Esto, como todas las cosas, puede usarse para la purificación del sacerdote. El padre Fortea dice que Dios lo usa para contrarrestar la tentación a la soberbia que puede venir a la mente del exorcista como resultado de la admiración y agradecimiento que recibe de aquellos a quienes ha ayudado a liberar. El padre Fortea también afirma que no conoce a ningún exorcista que se haya librado de sospechas y persecuciones, incluso de otros sacerdotes, como resultado del trabajo que realiza. La mayor parte de esto proviene de una desconsideración de su práctica, creyendo más bien que esta debe estar enterrada con otras «supersticiones medievales».[5]

Los seminarios también están quedándose atrás en la capacitación que los sacerdotes necesitan para el ministerio de liberación y exorcismo. Ya que los seminarios son supervisados por los obispos y dadas

---

[1] Padre Thomas #1
[2] Amorth, 115
[3] Padre Thomas #1
[4] Amorth, 70
[5] Fortea, 102

Cómo saben los exorcistas lo que saben

las críticas mencionadas anteriormente, no sorprende que los seminarios no estén enseñando nada sobre el exorcismo a los hombres que están formando. Como resultado, afirma el padre Thomas, los exorcistas recién nombrados se ven obligados a buscar otros exorcistas para que les asesoren acerca de cómo proceder con su capacitación. Cuando lo hacen, es a menudo bajo un espíritu de incertidumbre, como si realmente no supieran a dónde acudir o cómo comenzar.[6]

Están surgiendo lentamente más programas en varias partes del mundo para capacitar a los exorcistas. Sin embargo, uno de los mejores entrenamientos es que los nuevos exorcistas asistan a exorcismos y vean la realidad de la situación.[7] El padre Amorth admite que además del estudio y la experiencia compartida, el trabajo propiamente dicho con exorcismos es vital.[8] El padre Fortea agrega que el ejercicio continuo de este ministerio le da al exorcista un conocimiento muy especializado y profundo de los demonios que no se puede aprender en ningún libro o escuela.[9]

El padre Ripperger dice que los exorcistas tienden a relacionarse bastante y esto comienza al estudiar con otros exorcistas. Muchos sacerdotes son enviados a Roma para estudiar allí con sacerdotes que tienen experiencia en exorcismos por varias décadas. Generalmente esto implica no solo ser instruidos por exorcistas experimentados, sino también asistir y presenciar numerosos exorcismos. Dado que muchos sacerdotes no están familiarizados con la realidad del exorcismo y la posesión demoníaca, estas experiencias sirven como un significativo primer paso para obtener el conocimiento necesario para su ministerio sacerdotal. Los sacerdotes que aprovechan estas oportunidades se dan cuenta que cubren la deficiencia de capacitación en el seminario.

Como parte de la red que apoya a los exorcistas en su trabajo, los sacerdotes asisten a conferencias de exorcismo y liberación en todo el mundo, incluyendo los Estados Unidos de América. Muchas de estas conferencias están apoyadas por la Asociación Internacional de Exorcistas, aprobada oficialmente por la Iglesia en el 2014, pero que comenzó en 1994 bajo la dirección del padre Amorth. Él dijo que uno

---

[6] Padre Thomas #1
[7] Ibídem
[8] Amorth, 108
[9] Fortea, 102

de los motivos para crear esta asociación fue la importancia de compartir experiencias y actualizaciones teológicas sobre el ministerio de exorcismo.[10]

Estas conferencias brindan a los sacerdotes la oportunidad de aprender más sobre el «arte» de expulsar demonios y escuchar historias de exorcistas expertos. En estas conferencias, los exorcistas comparten noticias de «eventos actuales» del mundo del ministerio de liberación. Un ejemplo que me relató un sacerdote a finales del año 2005, después de que el papa Benedicto había sido elegido, se refiere a su elección como papa. En una conferencia, un exorcista compartió su experiencia al liberar a una persona de la posesión de varios demonios. En un momento del exorcismo, los demonios comenzaron a hablar y a quejarse entre sí, casi como si el exorcista no estuviera presente en la habitación. El sacerdote solo escuchó. Mientras lamentaban la dificultad que estaban teniendo para interrumpir la elección del nuevo papa, un demonio declaró: «ELLA se interpone en el camino». El exorcista entendió que esto era una referencia a la protección que la Santísima Virgen estaba proporcionando al proceso de elección.

Una nota interesante sobre estas conferencias se refiere al conocimiento que el mundo del ocultismo tiene de estas reuniones. Un sacerdote me comentó que por un tiempo, estas conferencias eran menos estrictas en cuanto a quienes podían asistir, pero recientemente, desde el 2016 aproximadamente, restringieron la admisión solo para aquellos que habían sido aprobados y enviados por su obispo. Me dijo que esto se debe a que las brujas habían logrado meterse en estas conferencias sin llamar la atención y habían estado, literalmente, tomando notas sobre lo que se estaba discutiendo. Intentaban percatarse de lo que los exorcistas habían descubierto acerca del funcionamiento de lo diabólico. Con este conocimiento, las brujas y otros grupos satánicos, por consiguiente, podrían ajustar sus tácticas. Como podemos ver, la batalla espiritual es una guerra real y se desarrolla no solo en los reinos invisibles.

El pasado mayo del 2019, el *Pontificio Ateneo Regina Apostolorum* organizó un curso de capacitación sobre exorcismo en el que por primera vez se permitió la asistencia de participantes que provenían no solo de la Iglesia Católica, sino también luteranos, ortodoxos griegos,

---

[10] Amorth, 114-5

Cómo saben los exorcistas lo que saben

anglicanos y pentecostales. El padre Pedro Barrajón, el exorcista español que estuvo a cargo del evento, entendía claramente los peligros mencionados anteriormente. Él dijo sobre el evento que no estaba disponible para todos, obviamente. Eso los expondría a ser infiltrados por adoradores del diablo, no aquellos que intentan luchar contra él. Es algo que creen que no debe tomarse a la ligera.[11] Con relación a esto, el padre Thomas señala que los exorcistas también aprenden sobre el funcionamiento de lo diabólico de parte de las personas que han acudido a ellos después de haber abandonado los cultos satánicos.[12]

El exorcismo como un aula

Además de establecer una red de contactos con otros exorcistas, los sacerdotes aprenden más sobre cómo operan los demonios por experiencia propia durante los exorcismos. Como se discutirá más a fondo en el próximo capítulo, cuando los sacerdotes están expulsando demonios de personas poseídas, estos a menudo se manifiestan de una manera que va más allá de lo normal y natural. Esta manifestación extraordinaria de lo demoníaco es una breve percepción que revela con que están luchando realmente en el reino espiritual. Los demonios están atrapados entre dos deseos: permanecer ocultos o tomar posesión de todas las cosas en la tierra.[13] Como resultado, se equivocan y se revelan. Como han dicho los exorcistas, los demonios no tienen virtud y son impulsivos; incluso si prefieren permanecer ocultos, no pueden resistirse a atacarnos. Motivados por el vicio, son inestables, a pesar de su intensa dedicación para lograr la victoria a través de su astucia.

Cuando los exorcistas dan charlas sobre sus experiencias, podemos olvidar o desconocer lo que pasaron para aprender todos estos detalles. En sus charlas, el padre Ripperger, por ejemplo, deja claro que extraer este tipo de información de los demonios no es tan simple como parece. Utiliza el término «palizas» para referirse al tipo de orden autoritario que se necesita para someter al demonio a sus demandas y que revele

---

[11] https://www.foxnews.com/world/satanic-vatican-catholics-exorcism-summit
[12] Padre Thomas #1
[13] El padre Ripperger dice en una de sus charlas que los demonios son territoriales, el papa León XIII, en *Humanum Genus*, habla del Reino de Satanás y su posesión y control sobre todos los que desobedecen a nuestro Señor y siguen el ejemplo de nuestros primeros padres al escuchar las mentiras de la serpiente.

lo que sabe. Solo puede obtener la información poco a poco, espaciada por largos períodos de órdenes repetidas.[14] La información que posee el demonio se relaciona con la forma cómo entró en la persona, qué se necesitará para sacarlo, cómo se llama el demonio y cuál fue su pecado, entre otras cosas que pueden ser de utilidad. La información obtenida en un exorcismo también puede resultar útil para otras cosas además de ese caso específico.

San Alfonso Ligorio contó la historia de un exorcismo en el que el diablo reveló cuál sermón, entre todos, desprecia más. Él dijo: «Obligado por exorcismos, confesó una vez el demonio que ningún sermón le es más aborrecible que aquellos en que se exhorta a huir de las malas ocasiones. Y con harta razón; porque el demonio se ríe de cuantas promesas y propósitos forme un pecador arrepentido, si no se aparta éste de tales ocasiones».[15]

Personalidad de un demonio

Los exorcistas han aprendido cosas sobre la personalidad de Satanás y cómo se vio afectada por su caída. Como el padre Ripperger relata, Satanás ha revelado a los exorcistas que la razón por la cual es el más vil, vicioso y malvado es porque es el más herido debido a su pecado.[16] Cada demonio cayó del cielo debido a un pecado específico y este pecado afecta la forma en la que opera en la tierra. El padre Fortea dice que cada demonio pecó de cierta manera y con una intensidad determinada.[17] Satanás, por ejemplo, cayó porque no quería estar sometido a alguien.[18] El pecado de cada demonio se muestra durante el exorcismo. El demonio manifestará pecados de ira, auto-adoración y desesperación, entre otros. Cada demonio tiene su propia sicología y su propia forma de ser.[19]

---

[14] Ripperger #6
[15] *Preparación para la muerte*
[16] Ripperger #6
[17] Fortea, 9
[18] Amorth, 18. También referido por Santo Tomás
[19] Fortea, 9

Cómo saben los exorcistas lo que saben

Almas de los condenados

Los exorcistas también han estado considerando si un alma condenada al infierno es capaz de poseer a una persona. Aunque esto parece contradecir la sólida opinión teológica, la consideración ha surgido como resultado de fenómenos extraños que los exorcistas han observado.[20]

Durante el curso de un exorcismo, el «poseedor», el demonio principal dentro de la persona, revelará su pecado principal al sacerdote. A veces, el pecado mencionado no es un pecado espiritual, sino algo como asesinato o lujuria, que debe ser cometido a través del cuerpo. Los pecados de los demonios son siempre estrictamente espirituales. El Monseñor Glenn afirma que los ángeles malos en sí mismos no podrían tener tendencia a los pecados carnales, sino solo a los pecados que puede cometer un ser estrictamente espiritual y estos pecados son dos: soberbia y envidia.[21] La confesión de un pecado carnal por parte de un «demonio» es una revelación confusa de si las almas humanas no son capaces de poseer a una persona. Aunque los demonios son mentirosos por naturaleza, dicen la verdad cuando se les ordena con la debida autoridad durante el rito del exorcismo.

El padre Fortea es una exorcista que cree que las almas de los condenados pueden poseer a personas de la misma manera que los demonios. En los exorcismos, él ha visto a la entidad poseedora mantenerse firme en su pretensión de ser un alma humana, incluso bajo órdenes repetidas de decir la verdad en el Nombre de Jesús. Esto también sucede junto al cumplimiento de la orden de besar una cruz, lo que aumenta la veracidad del reclamo de la entidad.[22]

Los exorcistas y los teólogos están divididos en este tema, especialmente porque los demonios son mentirosos, lo que el padre Fortea reconoce como fuente del debate. A la luz de sus experiencias, los exorcistas están estudiando las enseñanzas de santo Tomás y las instrucciones del Ritual Romano, en particular el significado exacto del latín, para navegar con prudencia en este complicado elemento del ministerio de exorcismo.

---

[20] Ripperger #6
[21] Glenn, 54
[22] Fortea, 89. La norma 14 del Rito del xorcismo es un texto clave, conforme al siguiente párrafo.

MATANDO DRAGONES

Bloqueando demonios

Durante una sesión de exorcismo, cuando el padre Ripperger estaba tratando de expulsar a un demonio de una propiedad infestada, el demonio reveló que solo tenía permiso para desordenar la propiedad, pero no tenía derechos sobre ella.[23] También reveló que el dueño debía declarar claramente su autoridad sobre la propiedad para romper el dominio del demonio. Además, el demonio le dijo al padre que consagrar la propiedad a la Santísima Virgen los bloquea completamente de actuar sobre la misma. Como resultado, se escribió una oración basada en la de San Luis de Montfort para aquellos que hacen la consagración total a la Santísima Virgen María. El padre dice que ha visto muchos buenos frutos en las personas que usan esta oración.[24]

Los exorcistas también saben que las reliquias y sacramentales causan dolor a los demonios. El padre Amorth dice que nuestra devoción a los santos y el uso de sus reliquias invita su presencia en nuestra vida y ayuda a interrumpir la actividad diabólica.[25] El padre Ripperger señala que el uso de reliquias aumenta el dolor que produce el rito del exorcismo. Una vez que este dolor alcanza el umbral de lo que el demonio puede soportar, revela lo que sabe y lo que es clave para la liberación de la persona. Los exorcistas colocan estas reliquias directamente en las áreas del cuerpo de los poseídos, una vez que disciernen que el demonio se encuentra allí.[26] Los sacramentales, como el agua y la sal bendita y los crucifijos, que llevan consigo poderosas bendiciones, también causan dolor a los demonios y son esenciales en el exorcismo.[27] El padre Fortea dice que una vez que se dan cuenta de lo que más le molesta al demonio, el exorcista se enfocará en eso.[28] Agrega que ciertas señales pueden atormentar a los demonios simplemente por lo que simbolizan. El agua, aunque no haya sido bendecida, simboliza pureza y limpieza; y un crucifijo, aún no bendecido, recuerda a los demonios la victoria de Cristo en la cruz.[29]

---

[23] Ripperger #7
[24] Buscar en el Índice la *Consagración de los bienes exteriores a la Santísima Virgen María*.
[25] Amorth, 126
[26] Ripperger #1, #6
[27] Leer el Capítulo 10 para más detalles sobre estos sacramentales.
[28] Fortea, 88
[29] Fortea, 67

Cómo saben los exorcistas lo que saben

La Virgen María, terror de los demonios

Los exorcistas han aprendido por su experiencia, como se describió anteriormente, que la Virgen María es el instrumento más poderoso contra lo diabólico. Cuando nuestra Señora aparece durante un exorcismo, la posesión se termina. Ella tiene, como el padre Ripperger señala, «poder coercitivo perfecto» sobre los demonios.[30] Ella no tiene necesidad de discutir el asunto con el demonio o solicitar que se vayan. Si la Santísima Virgen viene a expulsarlos, ellos corren sin dudar. La descripción que el padre Ripperger da es bastante sorprendente. Él afirma que se puede notar que algo está pasando (en el interior de los poseídos). Nuestra Señora aparecerá, literalmente verán el abismo abrirse, sentirán que el demonio es arrancado, lo verán caerse al abismo, este se cerrará y ella se irá. Ella no tiene que decir nada. Así de poderosa es ella. El padre una vez invocó a la Santísima Virgen durante una posesión y el demonio comenzó a entrar en pánico, diciendo: «¡Oh no, oh no! ¡No ella!»[31]

Los grandes santos en la historia de la Iglesia han alabado estos mismos atributos de la Virgen María que los exorcistas ven manifestarse ante ellos en su trabajo. San Buenaventura dijo: «¡Cómo tiemblan ante María y su nombre poderosísimo los demonios en el infierno!»[32] Al comentar sobre un pasaje de Job, san Buenaventura afirma: «Lo mismo sucede cuando los demonios entran en un alma si esta se encuentra espiritualmente a oscuras [ignorancia]. Pero en cuanto al alma le viene la gracia y la misericordia de María, esta hermosa aurora disipa las tinieblas y pone en huida a los enemigos infernales como se huye de la muerte».[33] San Alfonso Ligorio dice que solo se necesita una mirada de María para aterrorizar a los demonios que se alejan de ella tan rápidamente, «prefiriendo redoblar sus dolores en lugar de verse a sí mismos sujetos al poder de María».[34]

El padre Amorth cuenta que un exorcista le preguntó al diablo por qué temía a la Santísima Virgen María más que a Dios mismo. El diablo

---

[30] Ripperger #7
[31] Ibídem
[32] *Las Glorias de María*
[33] Ibídem
[34] Ibídem

respondió que se siente más humillado al ser conquistado por una simple criatura que por el propio Dios.[35] Según san Luis de Montfort, es la humildad de María la que humilla al demonio más que el poder de Dios, por eso el diablo le teme «en cierto sentido más que a Dios mismo».[36] Él describe a María siendo «tan terrible como un ejército en batalla contra el diablo y sus seguidores».[37] En un área cerca de donde estaba predicando santo Domingo, había un hereje poseído por una multitud de demonios. Por orden de la Virgen María, los demonios dentro de él se vieron obligados a «confesar muchas verdades grandiosas y consoladoras sobre la devoción a ella».[38] Durante un exorcismo, los demonios se vieron obligados a admitir que el poder que Dios le ha dado a la Santísima Virgen es tan grande que temen más «una de sus amenazas que todos sus otros tormentos».[39]

Discerniendo la causa: médica y sicológica vs. Espiritual

Se recomienda que los exorcistas tengan un buen conocimiento de sicología para que puedan distinguir mejor entre los problemas mentales y la verdadera influencia diabólica. También es útil porque, en los casos de obsesión diabólica, la mente de la persona es la más atacada por el demonio. En el ámbito de la actividad diabólica, a menudo puede haber una similitud entre los dos, donde los comportamientos peculiares o patrones de pensamiento de la persona enferma se pueden parecer a ambas causas. El entrenamiento y la experiencia de los exorcistas en el ámbito de la sicología ayuda enormemente a comprender cuál es la causa más probable de una perturbación al considerar una gran cantidad de factores.

El padre Ripperger dice que toda forma de enfermedad mental y física puede ser causada o imitada por demonios, pero no todas son diabólicas; algunas son estrictamente naturales.[40] Algunos casos son más claros que otros, como cuando las voces que una persona podría

---

[35] Amorth, 123
[36] *La verdadera devoción*
[37] Ibídem
[38] Ibídem
[39] Ibídem
[40] Ripperger #1

Cómo saben los exorcistas lo que saben

estar escuchando dicen cosas que no tienen absolutamente ninguna relación con un asunto espiritual o moral.[41] Los ataques de ansiedad y pánico pueden ser el resultado de una causa natural o diabólica. La forma como la persona responde a la oración del sacerdote es muy útil para discernir esta causa. Si hay una causa natural involucrada, la oración no debería tener efecto, pero debería haber algún alivio si la causa es diabólica. La mayoría de los casos de problemas sicológicos no son causados por lo diabólico.[42] Si bien en la mayoría de los casos las enfermedades mentales tienen una causa natural, la actividad diabólica puede trastornar a una persona y eventualmente producirle una enfermedad mental, debido a la forma en que operan los demonios al perturbar la mente.[43]

Los exorcistas también han sido testigos que las enfermedades mentales están presentes junto a la posesión diabólica, aunque son realidades distintas. Solo porque alguien ha demostrado tener una enfermedad mental, no significa que no pueda estar poseído también.[44] De acuerdo con el padre Amorth, el padre Pio creía que muchas personas que permanecieron en hospitales siquiátricos la mayor parte de sus vidas estaban en realidad poseídas y pudieron haber sido curadas con un exorcismo. El sacerdote carmelita español beato Francisco Palau exorcizó a todos los pacientes donde trabajaba, lo que resultó en la cura de muchos.[45] El padre Paolo Carlin contó la historia de una niña que fue tratada durante treinta años como paciente siquiátrica, pero luego fue liberada de un demonio después de diez meses de oración semanal con el exorcista.[46] Después de tratar alrededor de 125 casos durante 6 años, el padre Thomas dice que el 90 por ciento de esas personas sufrían de un problema de salud mental. Agrega que fue beneficioso haberlos atendido por dos razones: Hasta que hablaron con un exorcista, el problema seguía siendo un misterio; y, siempre es posible que exista un problema mental y diabólico al mismo tiempo.[47]

---

[41] Ripperger #6
[42] Ibídem
[43] Fortea, 31
[44] Fortea, 98
[45] Amorth, 86
[46] http://www.catholicdigest.com/news/conversation/an-exorcist-gives-tools-for-spiritual-warfare/
[47] Padre Thomas #2

MATANDO DRAGONES

Los exorcistas buscan ciertas señales y han notado algunos elementos comunes que revelan la presencia de lo diabólico. Por ejemplo, hablar con el demonio en latín es útil porque la persona no sabrá el momento específico en que se está dirigiendo al demonio. Esto ayudará a verificar o determinar si se trata de un verdadero caso de posesión.[48] La presencia de cualquier tipo de fenómeno extraordinario ayudará a distinguir entre una enfermedad mental como la esquizofrenia y la posesión.[49]

Una señal que aparentemente es una experiencia común que tienen los exorcistas es una mirada diabólica que se manifiesta en los ojos de la persona poseída. Esto revela el dicho común: «los ojos son la ventana del alma». Esta señal, según el padre Fortea, podría aparecer mientras el sacerdote está rezando al comienzo del exorcismo. Mientras que algunas personas cierran los ojos y entran en trance, la otra reacción a las oraciones del sacerdote es que el demonio mire al sacerdote a través de los ojos del poseído, como dice el padre, con una mirada diabólica.[50] El padre Thomas también ha tenido esta experiencia. Él dice que en los ojos de la persona poseída, hay algo como lentes de contacto tipo botella de Coca-Cola superpuestos a la persona. Después de trabajar en una morgue, el padre dice que ha visto claramente que hay algo ausente al mirar los ojos de un cadáver. El añade: Algo, el alma, se ha ido. Cuando mira a los ojos de una persona que tiene un problema demoníaco, a menudo es ahí donde puede ver al demonio.[51]

El padre Ripperger tuvo una experiencia similar al interactuar con un miembro de un grupo de investigación paranormal. Se dio cuenta que el hombre estaba poseído debido a cierta mirada que tenía, que, como dice el padre, los exorcistas pueden detectar.[52] También cuenta la historia de una mujer que fue referida a un exorcista por un médico que pensó podía estar poseída. El médico dijo que la mujer escuchaba voces y espíritus que le hablaban. Cuando el médico le preguntó más sobre eso, ella dijo que uno de los demonios lo estaba mirando a través

---

[48] Fortea, 81
[49] Fortea, 86
[50] Fortea, 82
[51] Padre Thomas #2
[52] Ripperger #1

de su ojo derecho. Luego, el médico miró ese ojo y de inmediato se volvió rojo brillante y luego retornó al color normal.[53]

Los demonios también son capaces de causar dolencias que pueden parecer verdaderas enfermedades físicas. Un ejemplo extraordinario de cómo los demonios pueden hacer eso, es el hombre con cáncer de páncreas en etapa cuatro a quien el padre Ripperger visitó, mencionado anteriormente en la sección sobre opresión diabólica.[54] Él rezó las oraciones de exorcismo menor sobre el hombre y también invocó a la Virgen María. Una semana después, el cáncer desapareció y fue declarado libre del mismo. La gente pensaba que el padre Ripperger tenía el don de sanación, pero él explicó que este no era un don extraordinario que poseía, sino solo un indicativo de que la causa de la enfermedad era diabólica. Cuando el demonio fue expulsado, la enfermedad se fue con él.[55] El padre Amorth tuvo una experiencia similar cuando liberó a una mujer poseída como resultado de un hechizo. Cuando el demonio se fue, la mujer también se sanó de un tumor.[56] Cuando alguien piensa que está sufriendo un mal espiritual y se siente enfermo con relación a este, lo primero que debe pensar es que existe una causa natural. Es raro que una enfermedad sea causada por lo diabólico.[57]

---

[53] Ripperger #6
[54] Leer la sección de *Opresión* en el Capítulo 3
[55] Ripperger #6
[56] Amorth, 71
[57] Amorth, 84

Compendio V

+ Los exorcistas dependen de una red de apoyo para sus ministerios. Los seminarios no preparan adecuadamente a los sacerdotes para este ministerio y los exorcistas recién nombrados a menudo luchan por adquirir lo que necesitan para estar bien formados.
+ Muchas personas en la Iglesia hoy en día tienen miedo, ignoran o no creen en la existencia de Satanás y la necesidad de exorcismos.
+ La mejor manera de entrenar a un exorcista es que él sea testigo de la realidad con sus propios ojos.
+ Los exorcistas aprenden mucho sobre su ministerio y el trabajo de los demonios asistiendo a conferencias con otros exorcistas y escuchando historias de lo que realmente sucede en los exorcismos.
+ Los grupos de ocultismo y satánicos en el mundo están conscientes de la red de exorcistas y buscan infiltrarse para aprender lo que ellos saben.
+ Los exorcistas han aprendido cómo piensan los demonios y cómo están motivados por diferentes pecados, así como la sicología de cada uno como espíritu individual.
+ Los exorcistas están estudiando si las almas de los condenados son capaces de poseer a personas, como resultado de ciertos fenómenos que han observados en el transcurso de los exorcismos.
+ Ciertos sacramentales frustrarán y bloquearán el trabajo de los demonios.
+ La Santísima Virgen es una fuerza notablemente poderosa contra lo demoníaco.
+ Los problemas médicos y diabólicos a menudo se superponen, y es importante que los exorcistas tengan alguna experiencia o estén familiarizados con sicología para que puedan dirigir mejor las ambigüedades de algunos de los síntomas.
+ Los demonios son capaces de causar enfermedades mentales y físicas, las cuales se distinguen de las causas auténticamente naturales por las oraciones del exorcista.
+ Los exorcistas buscan ciertas señales y fenómenos que indican si una enfermedad mental o física es en realidad de origen diabólico.

Capítulo 6

Rito del exorcismo

Cada persona que consulta a un exorcista se somete a un proceso de investigación intenso para determinar qué problemas médicos, sicológicos y espirituales tiene, de tener alguno. Si hay una presencia demoníaca, generalmente algo no encaja con los detalles adquiridos y no coincide con problemas puramente sicológicos. Solo después de este proceso se comenzará un exorcismo. El padre Amorth dice que no acepta a nadie que no haya sido sometido primero a una evaluación siquiátrica.[1] Después de esta evaluación, generalmente hay señales claras que indican al sacerdote la posibilidad de una influencia diabólica. El padre Amorth atendió a un niño que le estaba tratando un siquiatra, cuya posesión le impedía dormir. Un día el niño tomó tanto medicamento como para sedar a un elefante, pero aun así no podía dormir. Esta fue una señal de que tenía que recurrir a un sacerdote.[2]

Según la experiencia del padre Ripperger, de 150 casos en un año solo alrededor de 3 personas estaban realmente poseídas.[3] El padre Grob dijo que alrededor de 85 por ciento de las personas que acuden a él no necesitan un exorcismo, aunque pueden beneficiarse de un sacerdote.[4] Para el padre Thomas, solo el 10 por ciento de las personas que atiende tiene un problema diabólico.[5] El número de obsesiones es mucho más alto que el de posesiones. El padre Ripperger estima que alrededor de 25 por ciento de las personas en este país están diabólicamente obsesionadas.[6]

---

[1] Amorth, 84
[2] Amorth, 85
[3] Ripperger #2
[4] Video del padre Grob
[5] Padre Thomas #2
[6] Ripperger #1, #6

MATANDO DRAGONES

Rezar sobre la persona revelará si hay algo demoníaco involucrado. El padre Amorth ha visto que ciertos espíritus, como el espíritu de la ira, la venganza, la impureza o el suicidio, causan reacciones particulares en los poseídos. Estos pueden surgir tan fácilmente como en la entrevista inicial del exorcista con el poseído o durante una simple oración de liberación.[7] Aunque es raro, el poseído a veces reaccionará con gritos o contorsiones violentas tan pronto como vea a los exorcistas o en el momento en que el exorcista ponga su mano sobre el poseído. La preferencia del demonio es permanecer oculto, pero no importa cuánto se esfuerce por encubrir sus reacciones, al final debe ceder.[8]

El padre Fortea también advierte sobre la posibilidad de una reacción violenta, que es una señal sorprendente de que hay una verdadera posesión. Él dice que, si bien se recomienda que el sacerdote rece con los ojos cerrados al comienzo del exorcismo, para mantenerse enfocado en la oración, alguien que no sea el sacerdote debe vigilar a la persona poseída en caso de que quiera lanzarse contra él.[9]

El tiempo que toma resolver un caso de posesión puede variar. El padre Ripperger dice que algunos casos de posesión durarán hasta el final de la vida terrena de la persona, pero la mayoría puede resolverse en dos o tres meses. Él dice que es útil un enfoque más intenso, que poco a poco rompe las defensas del demonio y lo debilita. Esto incluye reunirse diariamente, aproximadamente de 3 a 6 horas al día. Este enfoque intenso puede provocar una liberación en una semana.[10] El padre Amorth dice que generalmente ve a una persona una vez al mes y con mayor frecuencia si es necesario.[11]

El padre Fortea dice que hay dos razones por las cuales un exorcismo podría tomar más tiempo de lo esperado. Primero, el sacerdote generalmente instruye al poseído sobre la adopción de obras espirituales adecuadas, necesarias para erradicar aquellas cosas en su alma a las que el demonio puede aferrarse. Si el poseído está siendo desobediente a estas instrucciones, el demonio no será fácil de eliminar. Segundo, la

---

[7] Amorth, *Más historias*, 115
[8] Amorth, *Más historias*, 109
[9] Fortea, 82
[10] Ripperger #1
[11] Amorth, 101

Rito del exorcismo

inexperiencia del exorcista también podría retrasar el proceso de liberación. Si ese es el caso, este exorcista debería traer a otro exorcista con más experiencia, sobre todo en el tipo de demonio involucrado.[12]

Los exorcistas reciben la asistencia de laicos devotos que los ayudan en el exorcismo. El padre Ripperger dice que comienza sus exorcismos rezando por las personas que están ayudándole.[13] Esta asistencia podría incluir retener al poseído, proteger al sacerdote de cualquier arrebato violento del poseído, proteger a la persona poseída de hacerse daño durante una manifestación, rezar por el exorcista y el poseído, y notificar al exorcista de cualquier información que el Espíritu Santo le pudiera compartir pertinente a la liberación del poseído.

El padre Amorth dice que es importante que estas personas calificadas tengan una vida espiritual fuerte y la capacidad de manejar todo lo que pueda ocurrir en el exorcismo. No deben ser «fácilmente influenciables» para que no caigan en los trucos del diablo.[14] El padre Ripperger dice que solo usa personas mayores de 55 años, devotas, estables y que no tienen hijos en casa.[15] Cuando estaba formando su equipo, como nuevo exorcista, el padre Randall Weber dijo que buscaba las mismas cualidades que uno busca en un exorcista: piedad, fe profunda, Confesión frecuente, etc.[16]

Aquellos que trabajan en el ministerio de exorcismo están de acuerdo en que nuestro Señor protege al sacerdote y aquellos que ayudan en los exorcismos del demonio, a menos que esa persona esté cometiendo pecados mortales. Dos historias ayudarán a ilustrar esta protección.

Un sacerdote amigo mío contó una historia fascinante y algo aterradora. Antes, es importante señalar que no debemos temer a los demonios. Con Cristo, somos más fuertes que ellos. Por supuesto, por nuestra propia cuenta, en nuestros pecados, sin su gracia, somos más débiles que ellos y una presa fácil. Esta historia trata de una persona que se enfrentó a un demonio en estado de pecado mortal. En cierto exorcismo, un laico estaba ayudando a sujetar a una persona poseída.

---

[12] Fortea, 109
[13] Ripperger #1
[14] Amorth, 110
[15] Ripperger #1
[16] Video de Weber

MATANDO DRAGONES

Él se paró cerca del hombro y sostuvo su brazo para evitar que se agitara durante el exorcismo. En un momento, el sacerdote y otros asistentes observaron que el poseído y el laico que sostenía el brazo, se habían quedado sorprendentemente callados. Entonces, oyeron una voz débil y chirriante que provenía de los labios casi inmóviles del laico, diciendo: «Ayúdenme...». El sacerdote y los otros notaron que el poseído había puesto sus ojos en los del laico y este se había quedado completamente congelado. Con mucho esfuerzo y después de cubrir los ojos del poseído y del laico, la gente que estaba ayudando en el exorcismo alejó al laico del poseído. Después, quedó claro que el demonio estaba tratando de poseer también al laico. Esto fue más entendible cuando el laico admitió que tenía un pecado mortal no confesado; lo que lo convertía en un blanco fácil para el demonio.

Una historia contada por Adam Blai describe lo contrario a la situación previa. Él estaba ayudando en un exorcismo de manera similar a la del laico en la historia anterior, sujetando a una persona poseída mientras el sacerdote trabajaba contra el demonio. Mientras usaba su fuerza para mantener quieto al hombre poseído, reflexionó sobre la naturaleza de la batalla en la que se encontraba y se dio cuenta de que estaba tomando un enfoque equivocado. Sabía que era el poder de Cristo, que también residía en él, la fuente de la victoria sobre lo demoníaco y no su propia fuerza. Luego, lentamente, disminuyó la presión que estaba usando para sujetar al hombre, pasando de dos manos fuertes a sola una. Finalmente, solo sostenía al hombre con las puntas de los dedos. Al final, al invocar a Dios y a los santos ángeles, él simplemente rezó y el hombre poseído se quedó quieto.[17] Esto ilustra la declaración del padre Amorth: «La fe es muy importante en el trabajo del exorcista».[18] También recuerda la declaración de nuestro Señor: «Esta clase de demonios por ningún medio puede salir, sino a fuerza de oración y de ayuno».[19]

---

[17] Blai, 100
[18] Amorth, 107
[19] Marcos 9, 29 (TA)

Rito del exorcismo

Señales de posesión

A medida que el exorcismo avanza, la tarea del exorcista es descubrir varias cosas: cómo entró el demonio, quiénes son, cuántos hay, cuál es el momento y la causa de la liberación. Durante todo el proceso, la persona sufrirá una horrible obsesión y opresión diabólica.[20]

El sacerdote buscará señales que indiquen que la persona está verdaderamente poseída por un demonio. Uno de los primeros indicadores que todos los exorcistas parecen experimentar, es que tan pronto como el sacerdote comienza el rito, la persona poseída entrará en trance y perderá la conciencia.[21] Algunas de las otras señales se manifestarán en la vida de la persona y otras, durante el exorcismo mismo. Que un demonio se manifieste significa simplemente que este, que por lo general permanece oculto, se convierte en el actor principal en el cuerpo de la persona, y hable y se comporte de manera claramente diabólica y más allá de la capacidad humana normal. Hay cuatro señales principales de que una persona está poseída.[22]

Aversión a lo sagrado. La aversión diabólica a lo sagrado se considera comúnmente como un aspecto de verdadera posesión, aunque no sin duda alguna. Esto también podría darse debido a una experiencia negativa o por problemas o aversiones sicológicas, y no necesariamente debido a lo diabólico[23] A veces, la aversión a lo sagrado es la primera señal para la persona poseída de que hay un problema de posesión. Podría aparecer cuando entra en contacto, ya sea solo visualmente, con algo sagrado.[24] La reacción puede variar desde una ligera molestia hasta una furia total al ver o presenciar algo sagrado.[25] Visitar santuarios sagrados ha sido en algunos casos la causa de la manifestación de un demonio que había permanecido oculto hasta ese momento.[26]

---

[20] Ripperger #6
[21] Por ejemplo, Amorth, 66
[22] Aunque hay similitudes, estas manifestaciones difieren de los dones espirituales dados a alguien como a santa Bernardina (que tuvo conocimiento sobre la Inmaculada Concepción, pero no lo entendió), los apóstoles (que hablaron en lenguas por el poder del Espíritu Santo) y san José de Cupertino (que levitaba frecuentemente).
[23] Ripperger #6
[24] Amorth, 82
[25] Fortea, 72
[26] Amorth, 69

MATANDO DRAGONES

A qué cosa sagrada o Sacramento es específicamente más sensible un demonio, variará de un demonio a otro. Esto también está relacionado con la naturaleza de su caída y el pecado que cometió cuando rechazó a Dios. Ciertos demonios pueden tolerar algunas cosas sagradas, pero no otras.[27] En el documental sobre la verdadera historia detrás de la película *El exorcista*, el niño poseído pudo ser bautizado y recibir la Sagrada Comunión, pero el demonio permaneció. La Confesión, por ejemplo, expulsa al mal del alma, mientras que el exorcismo solo lo expulsa del cuerpo. Cuando el poseído va a Confesión, que los exorcistas dicen que es mucho más poderoso que el exorcismo mismo, causa un gran daño al dominio que el demonio tiene sobre la persona, pero no siempre causa la liberación.

En esta categoría también está la capacidad de detectar lo sagrado, incluso si el objeto sagrado está oculto. El demonio, por ejemplo, podrá identificar reliquias en las habitaciones y medallas bendecidas usadas por el exorcista.[28]

Conocimiento del ocultismo. Algunos de los poseídos tienen conocimiento de cosas sobre las cuales no deberían saber nada. Este tipo de conocimiento podría incluir eventos en la vida de otros, lo que está sucediendo en una casa vecina, lo que el sacerdote estaba haciendo entre las sesiones del exorcismo, verdades científicas y conceptos teológicos. Los dos últimos yendo más allá de la competencia de la persona. El padre Ripperger trabajó con una mujer que se había apegado al demonio que estaba dentro de ella porque el demonio le daba un conocimiento secreto sobre su esposo.[29] En otro caso, una mujer, que no tenía educación secundaria, pudo articular clara y adecuadamente un concepto teológico que solo los teólogos más estudiados entendían.[30] El padre Cesare Truqui contó la historia de una mujer que después de recibir una bendición del sacerdote, tuvo una visión en la que podía ver un objeto específico en otro país en el hogar de su familia con gran detalle que de otro modo le habría sido completamente desconocido.[31]

---

[27] Ripperger #6
[28] Blai, 71
[29] Ripperger #6
[30] Ripperger #2
[31] Video de Truqui

Rito del exorcismo

Hablar un idioma desconocido. Esta señal de posesión es el conocimiento de idiomas completamente ajenos a la persona poseída y de los cuales no podría tener conocimiento práctico. Al igual que los ángeles, los demonios tienen un conocimiento infundido de todos los idiomas. Los demonios son capaces de hablar todos los idiomas con facilidad y dominio. Al manifestarse, esta señal no deja duda de que el poseído escuchó el idioma extranjero en algún momento y simplemente está recitando lo poco que sabe.

En un exorcismo, la persona podría entender idiomas extranjeros y obedecer órdenes dadas en latín, griego, hebreo y otros idiomas, incluso cuando se los usa simultáneamente.[32] Adam Blai relata la posesión de una persona que tenía solamente una educación secundaria en la que el demonio respondió correctamente las preguntas en inglés, francés, latín, lituano y alemán.[33] El padre Ripperger relata que en un exorcismo, el demonio solo hablaba en latín, y era tan particular sobre el propio uso de gramática que no respondía al sacerdote si la gramática del sacerdote estaba incorrecta.[34] Adam Blai también ha visto este comportamiento en un demonio. Los demonios también se burlan de la incapacidad de los traductores de captar pequeñas diferencias sutiles de un idioma al hacer la traducción.[35]

Esta señal es un excelente ejemplo de cómo los demonios tienden a alterar todo lo sagrado. Pentecostés fue el primer gran milagro y manifestación de la Iglesia en su nacimiento después de la Ascensión de nuestro Señor al cielo. En ese momento, san Pedro pudo hablar en un idioma que pudo ser entendido por personas de más de una docena de países diferentes. Tiene sentido que los demonios se burlen de este don divino. Además, como Adam Blai ha visto, los demonios parecen tener su propia versión de lenguas, que, como él dice, es perturbador de escuchar y difícil de describir, es una especie de silbido rítmico.[36]

Fuerzas que van más allá de la capacidad natural. Los demonios a veces pueden manifestarse a través de la persona al exhibir una fuerza sobrehumana. El padre Ripperger cuenta la historia de un niño de 10 años que estaba poseído y que durante el exorcismo, cuando se

---

[32] Fortea, 87
[33] Blai, 69
[34] Ripperger #2
[35] Blai, 70
[36] Blai, 70

manifestó el demonio, pudo levantar del suelo al sacerdote y a otro hombre.[37] La fuerza que puede acompañar la manifestación del demonio puede hacer que levante del suelo a varias personas al mismo tiempo.[38] Al padre Amorth se le habló de un exorcismo en el que la poseída era una niña que estaba atada con correas de cuero, pero que todavía requería de cuatro hombres fuertes que la sujetaran y con dificultad. Él fue testigo del caso de una joven que casi pudo resistir los esfuerzos de siete asistentes fuertes que intentaron mantenerla quieta durante el exorcismo.[39]

Esta manifestación no ocurre solo durante el exorcismo. El padre Truqui contó la historia de un hombre que se dio cuenta que estaba poseído cuando rezaba en un retiro. El hombre de repente entró en un trance y un amigo con el que estaba lo tocó solo para asegurarse que estaba bien. En ese momento, el hombre poseído agarró al amigo con una mano y lo tiró en la otra dirección, de una manera totalmente imposible para una persona normal.[40]

El padre Amorth señala que una persona demente en un manicomio puede ser inmovilizada con una camisa de fuerza, pero un demoníaco es capaz de romper incluso cadenas de hierro. El padre Candido Amantini, profesor del padre Amorth, reportó un caso de una joven frágil que manifestó la misma fuerza que el demonio geraseno del Evangelio según san Marcos. Como el padre Amorth recuerda, ella rompió todas las ataduras, incluso algunas correas pesadas de cuero con las que intentaron atarla. Una vez que la ataron con fuertes cuerdas a una cama de hierro, rompió algunas de las varillas de hierro y dobló otras en ángulo recto.[41]

Esta señal de posesión incluye no solo manifestaciones de fuerza sino también cosas como la levitación. Algunos sacerdotes presencian la levitación durante su entrenamiento inicial. El padre Ripperger declaró que solo ha visto levitar dos veces en diez años, aunque otros exorcistas lo ven con más frecuencia.[42] Un hombre levitó justo cuando

---

[37] Ripperger #2
[38] Fortea, 87
[39] Amorth, 66
[40] Video de Truqui
[41] Amorth, *Exorcista narra*, 70
[42] Ripperger #6

Rito del exorcismo

el padre Amorth colocó su mano sobre el hombro del hombre al comienzo del exorcismo. Aunque cinco personas intentaban retenerlo, no lo pudieron hacer.[43]

Esta señal de posesión a menudo puede provocar miedo en las personas, pero es bueno recordar que nuestro Señor supervisa toda actividad de los demonios. Además, como el padre Amorth dice, es solo en los casos más violentos que la persona realmente necesita ser atada.[44] Como Adam Blai señala, en algunos casos, la persona poseída es completamente obediente y no necesita ninguna restricción.[45]

El padre Ripperger agrega un detalle fascinante sobre el tipo de manifestaciones que presencian los exorcistas. Él dice que la forma más común de manifestación diabólica en casi todo tipo de posesión, es lo que llama «transformación», donde la persona comienza a cambiar de forma a medida que el demonio se manifiesta. Parece que esto es típicamente un cambio en la estructura facial de la persona. Algunos demonios se manifestarán exactamente de la misma manera cada vez, pero otros no son predecibles en este sentido. El demonio Belcebú, por ejemplo, siempre se manifiesta de la misma manera. Aquí, en el cuerpo de los poseídos, el padre dice: La mandíbula se extiende aproximadamente dos pulgadas a cada lado, la cabeza se estrecha, los ojos se juntan y se vuelven muy rojos.[46] El padre Thomas ha visto contorsiones similares del cuerpo de los poseídos, a veces moviéndose de una manera que se asemeja a una serpiente. Los demonios, agrega, moverán los cuerpos de las personas de formas que parecen inconcebibles.[47]

Etapas de liberación

La liberación de la persona es algo que ocurre progresivamente a medida que el poseído y el exorcista trabajan juntos para expulsar a los demonios. Por lo general, hay aproximadamente seis etapas en el proceso, pero algunas de ellas se omiten si el exorcismo se mueve más

---

[43] Amorth, 103
[44] Amorth, 103
[45] Blai, 71
[46] Ripperger #2
[47] Padre Thomas #2

rápidamente. Antes de que pueda ocurrir la liberación, el exorcista debe haber adquirido el control sobre el demonio.[48]

Después de que se ha verificado la presencia de lo demoníaco en la persona, el trabajo avanza a intentar que el demonio salga a la superficie para que el exorcista pueda comenzar el proceso de eliminarlo. El Evangelio según san Marcos declara que hay diferentes tipos de demonios.[49] Los exorcistas lo atestiguan, en parte, por el hecho de que los demonios interactuarán con ellos de dos maneras básicas: abierta o cerrada. Los demonios abiertos comenzarán a manifestarse tan pronto como comienza el rito. Los demonios cerrados tienden a esconderse y son más difíciles de descubrir. Sin embargo, los demonios son ostentosos y les gusta presumir ante otros demonios, por lo que la mayoría se manifestará eventualmente.[50] También hay demonios escondidos que no dan señales de su presencia en la persona, engañando incluso a un exorcista muy experimentado. Con estos demonios, como el padre Fortea dice, el sacerdote necesita ser más insistente en sus oraciones, pero generalmente solo toma unos minutos adicionales para que el demonio responda.[51]

Cuando el demonio es abierto, es por supuesto más fácil de proceder. Comenzará a hablar de inmediato, pero también tratará de distraer al sacerdote descartando los problemas de la persona como puramente sicológicos. Como esto se hará con la voz del poseído, no con una voz diabólica, será claramente una señal del esfuerzo del demonio para engañar al sacerdote. También será una señal obvia de lo demoníaco porque esta afirmación es una inversión completa de la actitud de la persona, que antes de ese momento no creía que los problemas fueran sicológicos. La persona también se reirá de todo lo que hace el sacerdote durante el exorcismo. Estos demonios a veces también pueden ser violentos y a menudo deben ser contenidos.[52]

Los demonios cerrados intentan esconderse y no revelan su presencia, incluso cuando el sacerdote ha comenzado a rezar por el poseído. El sacerdote tendrá que buscar algunas manifestaciones sutiles que ocurrirán. Deberá fijarse en cosas como, que los ojos vuelvan a

---

[48] Ripperger #6
[49] Marcos 9, 28
[50] Ripperger #6
[51] Fortea, 78, 81
[52] Fortea, 76

Rito del exorcismo

rodar bajo los párpados cerrados.[53] Esta es una señal común de la manifestación del demonio. Sin embargo, algunos demonios cerrados son completamente mudos. Estos, como el padre Amorth dice, son los más difíciles de abordar.[54]

Este comportamiento de los demonios abiertos y cerrados es lo que el padre Ripperger describe como la segunda etapa en el proceso de liberación de la persona. Él llama a esta etapa: ofuscación.[55] Ofuscar significa oscurecer, confundir o desconcertar. A medida que el sacerdote continúa con las oraciones, la manifestación se hará más obvia y el demonio terminará este juego de esconderse.

El padre Ripperger describe la tercera etapa como la fase de la batalla, donde el sacerdote lentamente gana poder sobre el demonio. Aquí, el demonio atacará al sacerdote interiormente, de manera semejante a lo que la persona poseída está experimentando. Este ataque revela mucho sobre el demonio y lo que el exorcista puede usar en su contra. El padre dice que si el exorcista tiene mucha experiencia, los demonios son más cautelosos al adoptar este enfoque.[56]

En esta etapa del proceso, puede surgir una rara cuarta fase, donde el demonio comienza a perder el control y atacar con manifestaciones externas de poder. Esto puede incluir mover y tirar cosas en la habitación. Una mujer que el padre Ripperger ayudó tenía un demonio de destrucción que se manifestó durante todo el exorcismo y destruyó cosas como las tuberías y el disco duro de la computadora del párroco.[57] En la verdadera historia de la película *El exorcista*, se arrojaban objetos por la habitación durante el exorcismo.

Justo antes de la liberación, en la quinta etapa del proceso, el exorcista tiene ahora control sobre el demonio, después de haber adquirido la información necesaria para liberar a la persona. El demonio está mucho más subordinado en este momento y tiende a manifestarse solo durante las sesiones de exorcismo. Como resultado, la vida de la persona poseída es mucho más normal. Una de las cosas que el exorcista

---

[53] Ibídem
[54] Amorth, 67
[55] Ripperger #6, #1
[56] Ibídem
[57] Ibídem

necesita conocer, que lo sabe en este momento, es el número y los nombres de los demonios presentes.[58] El exorcista también necesita conocer cómo entró el demonio en la persona. Esto es importante para saber con qué método lo sacará.

Se pueden formar vínculos con los demonios de muchas maneras, incluso, como el padre Amorth afirma, de manera sutil e inconsciente. Esto puede ocurrir a través de una curiosidad ingenua, particularmente cuando se exponen a algo ligado aún muy ligeramente al ocultismo. Y puede ocurrir más fácilmente si también se combina con el deseo personal de conocer el futuro, por ejemplo.[59] Algunas personas invitarán explícitamente a la posesión, no solo a través de la práctica de la magia y el culto satánico, sino también a través de una curiosidad que ya no es ingenua.[60]

La importancia de los nombres de los demonios, como el padre Thomas describe, se relaciona al tema de cómo se llama a una persona. Como él dice, en el Bautismo, el sacerdote pregunta el nombre dado al niño de manera comparable a cómo Dios llamó a los profetas y nuestro Señor llamó a los apóstoles por su nombre. Este llamado directo por nombre, fue un llamado personal y uno que los atrajo al Reino de Dios y de la luz. Un demonio se resiste a revelar su nombre porque prefiere vivir en la oscuridad y, como agrega el padre, porque son mentirosos y engañosos. Transmitiendo lo que todos los exorcistas parecen pensar, el padre Carlin dice que el mejor truco del demonio es persuadir al hombre de que no existe.[61] Todos los demonios hacen esto, se ocultan, para poder continuar su trabajo malvado. El padre Thomas continúa diciendo que una vez que el exorcista obtiene el nombre del demonio, éste comienza a perder su poder porque se le llama al reino de la luz. Es como sacar a un pez del agua. Los demonios vendrán en este punto porque son legalistas y el exorcista tiene la autoridad.[62]

El padre Amorth menciona, como el padre Ripperger también lo hizo en el Capítulo 1, que hay ciertos demonios que son más primordiales, poderosos y difíciles de tratar. Afirma que, si el nombre del

---

[58] Ibídem
[59] Amorth, *Más historias*, 114
[60] Blai, 62
[61] Carlin, 7
[62] Padre Thomas #2

Rito del exorcismo

demonio es un nombre bíblico o uno dado tradicionalmente, como Satanás, Belcebú, Lucifer, Zabulón, Meridiano o Asmodeo, estamos tratando con pesos pesados que son mucho más difíciles de derrotar. De acuerdo al padre Thomas, la revelación del nombre del demonio es una buena señal. Cuando el demonio lo revela, debilita enormemente su poder.[63]

Las últimas cosas que busca el exorcista son la hora y la fecha de salida del demonio y la señal que dará para indicar que se ha ido.[64] Como se discutió anteriormente,[65] nuestro Señor regula estrictamente lo que los demonios pueden hacer e incluso restringe cuánto tiempo pueden quedarse. Los demonios saben el momento en el exorcismo en el que deben partir y no pueden desobedecer esa orden. Los demonios también dan una señal u obedecen una orden final, después de la cual se apartan de la persona poseída. El padre Amorth afirma que, a medida que se acerca el momento de su partida, las acciones del demonio comenzarán a revelar que está cerca. Aunque al comienzo del exorcismo, el demonio habrá declarado que nunca se marchará, luego indicará que su partida está cercana. A veces, el demonio revelará al exorcista la fecha de la partida. A menudo, esto es una mentira, pero también puede ser cierto pues nuestro Señor controla al demonio.[66]

En el documental sobre la historia real de la película *El exorcista*, el demonio afirma que el niño poseído debe decir una palabra y éste se marchará, pero que el niño nunca la dirá. Finalmente, y notablemente, san Miguel aparece vocalmente dentro del niño y ordena al demonio que se vaya, usando la palabra que el niño necesitaba pronunciar para que el demonio se fuera. Esa palabra era *Dominum* que en latín significa «Señor». Cuando san Miguel dijo esta palabra, el demonio partió y se logró la liberación. El padre Fortea declaró que los demonios del orden más alto a menudo son expulsados solo con la participación de un ángel al final del exorcismo.[67]

La etapa final del proceso se conoce como la liberación de la persona, que es el propósito del rito del exorcismo. Cuando el último

---

[63] Amorth, 102.
[64] Ripperger #6
[65] Leer el Capítulo 4
[66] Amorth, *Más historias*, 137
[67] Fortea, 110

demonio ha abandonado a la persona, el padre Fortea dice que la persona permanece en paz, recupera la conciencia y abre los ojos. Incluso puede sentir una felicidad espiritual. Para estar seguro de que el demonio se ha ido, el sacerdote debe rezar por unos minutos más. Si todavía hay un demonio, comenzará a manifestarse nuevamente.[68] Esto es algo que sucede ocasionalmente. A los demonios les gusta esconderse y dar la impresión de que se han ido. También tienden a intentar regresar y reiniciar su ataque a la persona. El padre Amorth afirma que un exorcismo ocasional después de la liberación puede beneficiar a la persona para contrarrestar la persistencia del demonio.[69]

Después de ser liberada, la persona generalmente no tiene ningún efecto persistente grave, y puede regresar a una vida normal.[70] Una persona que ha sido exorcizada solo debe preocuparse por volver a ser poseída si vuelve a vivir en estado de pecado. Uno o dos pecados mortales, dentro del contexto de una vida cristiana practicante, no causarán el retorno de la posesión. Sin embargo, si abandonan la vida cristiana después de la liberación, la segunda posesión sería de más demonios, y peores.[71]

El padre Fortea permitió que una mujer regresara a verlo, después de ser liberada exitosamente de todos sus demonios, ya que estaba experimentando signos de actividad demoníaca en su cuerpo nuevamente. Había estado rezando y viviendo fielmente su vida cristiana desde que fue liberada unos días antes. Cuando el padre Fortea se reunió con ella, solo tomó unos minutos de oración para aliviar la influencia demoníaca. Él discernió que el demonio, que rara vez sucede, estaba tratando de volver a poseerla, pero su vida espiritual estaba literalmente funcionando como una armadura contra el demonio. Después de estas oraciones finales, no tuvo más problemas.[72]

La importancia de no recaer en una vida de pecado grave, fue enfatizada por la Virgen María a santa Brígida. Según lo registrado por san Alfonso, la Virgen María reveló que si el alma no enmienda y borra

---

[68] Fortea, 106
[69] Amorth, *Exorcista narra*, 100
[70] Amorth, 83
[71] Fortea, 107
[72] Fortea, 107

Rito del exorcismo

sus pecados con el dolor, los demonios regresarán casi de inmediato y continuarán poseyéndola.[73]

---

[73] *Las glorias de María*

Compendio VI

+ Los casos de posesión son raros. Menos del 10 por ciento de las personas que consultan a un exorcista tienen un verdadero caso de posesión.
+ Cuando un sacerdote reza por una persona, si hay un demonio presente, se manifestará de alguna manera. Algunas manifestaciones son sutiles, mientras que otras son obvias.
+ El tiempo que tarda a una persona liberarla varía mucho y depende de muchos factores, incluyendo el trabajo espiritual realizado por el poseído para ayudar a la liberación.
+ Los exorcistas dependen del apoyo de un equipo de católicos devotos para ayudarlos en los exorcismos.
+ Hay cuatro señales clásicas de que una persona está poseída: aversión a lo sagrado, conocimiento secreto, fluidez en idiomas desconocidos y fuerza sobrehumana.
+ Los demonios pueden manipular el cuerpo de los poseídos de manera bastante sorprendente durante el exorcismo.
+ La liberación es un proceso lento que fuerza al demonio a comunicarse y adquiere la información necesaria para controlarlo.
+ Después de la liberación, es importante que la persona proteja su vida espiritual para no recaer en pecado y volver a sufrir una posesión peor.

Capítulo 7

La autoridad y lo diabólico

El escudo de armas de la Ciudad del Vaticano está diseñado de tal manera que transmite el poder y la autoridad que la Iglesia ha recibido de nuestro Señor. Contiene, en parte, una llave de oro y otra de plata que se cruzan entre sí. Estas llaves se refieren al poder de las Órdenes y al poder de jurisdicción: el sacerdocio y las facultades, la ordenación y el poder para usarlo.[1] La llave de oro representa el poder en el Reino de Dios y la llave de plata representa la autoridad del papado en la tierra. Un sacerdote no solo necesita recibir las órdenes sagradas a través de su ordenación, sino que también debe recibir permisos de su obispo para servir como sacerdote. Esto se extiende aún más a los exorcismos y a la administración del Sacramento de la Confirmación, que un sacerdote es capaz de hacer, pero solo con el permiso de su obispo.[2]

Vemos en el Evangelio según san Marcos que nuestro Señor les da a los apóstoles tanto poder como autoridad sobre los demonios. Estos son dos aspectos distintos del exorcismo. Por ejemplo, en Marcos 9, 28, los apóstoles, poseedores de autoridad sobre los demonios, no pueden expulsarlo como resultado de la falta de «oración y ayuno». La oración y el ayuno, la santidad en general, aumenta la eficacia del exorcismo. Esta distinción también se ve en Marcos 9, 38 cuando los apóstoles ven a un hombre expulsar demonios aunque no era uno de los doce. Este hombre tenía el poder de expulsar demonios, pero no se le había dado la autoridad.[3]

Como dicen todos los exorcistas, los demonios son muy legalistas y saben cuándo alguien tiene autoridad y cuándo no. Si la persona que

---

[1] Ripperger #4
[2] En emergencias, un sacerdote puede administrar la Confirmación, sin permiso expresado.
[3] Fortea, 105

manda a los demonios realmente posee la autoridad adecuada, los demonios obedecerán. Si no la tiene, puede tornarse peligroso. Es útil recordar, en este contexto, la historia de los exorcistas judíos que intentaron imitar el exorcismo de demonios de san Pablo mediante la invocación del nombre de Jesús. En los Hechos 19, versículos 11 al 17, leemos:

> Dios obraba por medio de Pablo milagros no comunes, de forma que bastaba aplicar a los enfermos los pañuelos o mandiles que había usado y se alejaban de ellos las enfermedades y salían los espíritus malos. Algunos exorcistas judíos ambulantes intentaron también invocar el nombre del Señor Jesús sobre los que tenían espíritus malos, y decían: «Os conjuro por Jesús a quien predica Pablo». Eran siete hijos de un tal Esceva, sumo sacerdote judío, los que hacían esto. Pero el espíritu malo les respondió: «A Jesús le conozco y sé quién es Pablo; pero vosotros, ¿quiénes sois?» Y arrojándose sobre ellos el hombre poseído del mal espíritu, dominó a unos y otros y pudo con ellos de forma que tuvieron que huir de aquella casa desnudos y cubiertos de heridas. Llegaron a enterarse de esto todos los habitantes de Éfeso, tanto judíos como griegos. El temor se apoderó de todos ellos y fue glorificado el nombre del Señor Jesús.

El padre Ripperger dice que los demonios, cuando se enfrentan con alguien sin facultades, dirán: «¿Dónde está tu autoridad?» Y no cooperarán. Relató un caso en Nueva York donde un grupo de protestantes intentó realizar un exorcismo sobre una persona que estaba poseída y levitaba, a veces pegada al techo. El demonio que poseía a la persona los atacó violentamente y golpeó de tal forma que casi pierden sus vidas mientras proclamaba: «No tienes autoridad». Ellos llamaron a un sacerdote católico con facultades y este resolvió la situación.[4]

Como se mencionó anteriormente, adquirir el nombre del demonio y el pecado que causó su caída, son aspectos fundamentales para obtener autoridad sobre el demonio. El conocimiento de la puerta que se

---

[4] Ripperger #1

La autoridad y lo diabólico

usó, el pecado cometido por la persona a través del cual entró el demonio, también es fundamental. Una vez que se expone este pecado, la persona puede llevarlo al Sacramento de la Confesión y comenzar el proceso de sanación necesario para cerrar la herida que creó este pecado. Esa herida es el medio por el cual el demonio se aferra a la persona. A medida que se produce la sanación, el demonio pierde su control.

Cuando los exorcistas adquieren el nombre de un demonio, pueden usar ese nombre para ayudar a los poseídos, incluso si aún no tienen las facultades y permisos adecuados para proceder con un exorcismo formal. Como el padre Thomas mencionó, usar el nombre del demonio, llama al demonio a la luz para enfrentar la autoridad de la Iglesia. Si el demonio sale, pero no se encuentra con una persona autorizada, podría ser peligroso. Como resultado, si por alguna razón los laicos llegan a conocer el nombre de un demonio involucrado en un caso de posesión, no lo deben usar de ninguna manera. El padre Ripperger hace referencia al tema de los libros de Harry Potter, que usan para algunos personajes los nombres de demonios reales que los exorcistas han encontrado. Cuando se usa el nombre de un demonio fuera de la estructura autoritaria del rito del exorcismo y no se les enfrenta y opone, lo que se está haciendo en realidad es empoderarlo, ya que el uso de su nombre de esa manera le da gloria en este mundo.[5]

Labor del padre

La verdadera autoridad no es un asunto que se restringe solo a la Iglesia, sino que también está presente dentro de la familia. El padre, como jefe de la familia, desempeña un papel fundamental que incluye servir como pastor y guardián. Este papel puede conducir a bendiciones para la familia, pero si el padre no ejerce adecuadamente su autoridad, puede generar problemas.

La jefatura del padre le da la autoridad para bendecir a su familia, incluyendo esposa e hijos. La madre comparte la autoridad del padre hasta cierto punto. Ella puede bendecir a sus hijos como el padre, pero no puede bendecir al padre, ya que él tiene la jefatura de toda la familia. La creación de Eva ayuda a explicar esta diferencia. Como explica

---

[5] Ripperger #3

santo Tomás, Eva fue creada de la costilla de Adán por una razón específica. Al hacerlo, se demostró que eran iguales, ya que ella fue tomada de su propia carne; que ella no era su esclava, ya que no fue creada de sus pies; pero que ella no tenía autoridad sobre él, ya que no había sido creada de su cabeza.[6] Esta forma de creación de Eva demuestra por consiguiente la estructura de autoridad dentro de la familia como una jerarquía divinamente instituida.

Dado su origen y naturaleza angélica, los demonios conocen la estructura de autoridad dentro de la Iglesia y también dentro de la familia. Como resultado, la familia se convierte en una meta especial de los demonios, particularmente el padre. El padre Truqui[7] dijo que hay un demonio que apunta específicamente a las familias que él ve en muchos exorcismos. El nombre del demonio es Asmodeo y se le ve por primera vez en la Sagrada Escritura en el libro de Tobías. Ahí, es responsable de orquestar la muerte de los siete esposos de Sarra. Como los exorcistas testifican de manera similar en su trabajo, este demonio finalmente fue expulsado por el trabajo de un arcángel, san Rafael.

La entrada de un demonio en una familia puede ocurrir como resultado de la indiferencia hacia las responsabilidades que deriva de la autoridad del padre, ya sea por el mismo padre, o por la madre o los hijos. Al igual que los exorcismos que dependen de la autoridad, el uso adecuado de la autoridad del padre tiene un efecto real en la familia.[8] Por lo tanto, los padres deben preocuparse tanto por el bienestar material como espiritual de sus familias y verse a sí mismos capaces y responsables de protegerlos de estas dos maneras. El padre, entonces, como san José que tiene el título de «terror de los demonios» puede ser un verdadero medio para evitar la influencia diabólica en la familia.

El pecado implica rechazar los mandamientos de Dios y como consecuencia, nos coloca fuera de la estructura de autoridad adecuada y en un estado en el que somos vulnerables al mal. Recuerde cuántas veces Israel fue castigado por Dios debido a su infidelidad. Israel creó una vulnerabilidad al alejarse de Dios y su poderosa protección. Sus enemigos pudieron entonces acercarse fácilmente e Israel sufrió graves

---

[6] *Suma Teológica I*, C. 92, A 3
[7] https://cruxnow.com/global-church/2017/10/28/exorcist-says-theres-demon-targets-family/
[8] Ripperger #1

daños. Cuando vamos a Confesión, volvemos a ponernos fielmente bajo el pacto de Dios y su protección.[9]

Los espíritus generacionales pueden entrar a través de la autoridad del padre, como se demuestra en el libro del Éxodo, cuando el Señor dice que «castiga la iniquidad de los padres en los hijos hasta la tercera y cuarta generación de los que me odian».[10] Aunque la madre también puede traer el mal a la familia, como lo hizo Eva; el objetivo, incluso con Eva, es el padre, cuya autoridad es universal sobre la familia. Cuando el padre comete un pecado mortal de cierto tipo, como pornografía, se hace vulnerable a la influencia diabólica. Si un demonio entra en ese momento, puede corromper a toda la familia, ya que ingresó a través del jefe de la familia.[11] El demonio también puede permanecer y transmitirse a través de generaciones sucesivas.

Oraciones de protección y autoridad

Los laicos pueden usar lo que se llama «oraciones de protección» dentro de la estructura de autoridad apropiada. Esto funciona de manera similar a impartir bendiciones. Los padres pueden bendecir a sus hijos, haciendo la Señal de la Cruz con el pulgar en la frente del niño y usando una oración que ordena: «Dios te bendiga», entonces la bendición es otorgada. Esto se hace sobre los niños de la misma manera que un sacerdote puede bendecir a todos.[12] Si bien la esposa no puede bendecir a su esposo, se le permite rezar oraciones de protección sobre él. Cada cónyuge puede ofrecer oraciones de liberación tanto para el otro cónyuge como para los hijos.[13]

Aunque el concepto de oraciones de protección no es bien conocido entre los católicos, siempre ha estado en la Tradición de la Iglesia. Como muchas otras enseñanzas tradicionales, los católicos de hoy no tienen conocimiento de este aspecto de la vida espiritual. De manera similar al ministerio de liberación, los protestantes han adoptado este enfoque y lo han hecho suyo. Como resultado, muchos católicos lo ven como algo protestante. El padre Ripperger enfatiza que los exorcismos,

---

[9] Ibídem
[10] Éxodo 20, 5
[11] Ripperger #8. Los espíritus generacionales no son una enseñanza definitiva de la Iglesia.
[12] Ripperger #7
[13] Amorth, 90

el ministerio de liberación y las oraciones de protección no son de origen protestante, sino que son parte de la rica herencia de tesoros espirituales de la Fe Católica. Dicho esto, los católicos deben aprender la forma correcta de participar en estas obras espirituales, de modo que permanezcan en la estructura autoritaria que Dios quiere y se mantengan alejados de los problemas espirituales.

Hay dos menciones destacadas en la Biblia de demonios que atan. La primera aparece en el Antiguo Testamento, en el libro de Tobías. Aquí, el arcángel san Rafael fue enviado para curar y liberar de un demonio. El demonio Asmodeo había sido responsable de la muerte de los siete maridos de Sarra. Superando la atadura de Asmodeo, Sarra es liberada para casarse con Tobías sin peligro. Además de curar a Tobías de la ceguera, esta liberación del demonio también se conoce como sanación.[14]

En el Evangelio según san Mateo, nuestro Señor dice: «¿Cómo puede uno entrar en la casa del fuerte y saquear su ajuar, si no ata primero al fuerte? Entonces podrá saquear su casa».[15] Santo Tomás de Aquino explica este pasaje, recopilando la sabiduría de las grandes mentes de la Iglesia. Él dice que nuestro Señor ha entrado en la casa de Satanás, el «hombre fuerte», y lo ha atado. Una vez derrotado, Satanás es incapaz de defender su saqueo y nuestro Señor se lo ha quitado. Estos saqueos son las almas que han sido atadas por los demonios. Nuestro Señor viene no solo a atar a los demonios sino también al príncipe de los demonios. Al expulsar a todos los demonios, también está profetizando que eliminará todos los errores del mundo y disolverá el oficio del Diablo; no dice robar, sino saquear, lo que demuestra que lo hará con poder. Esta protección también significa que le ha quitado todo el poder de impedir que los fieles sigan a Cristo y ganen el reino de los cielos.[16]

Satanás y todos los demonios están atados por nuestro Señor. Al igual que el regalo de la salvación y la victoria de la cruz, la protección de los demonios se está desarrollando en el tiempo y a lo largo de la historia. Nuestro Señor le dio a toda la humanidad el poder de salvarse, pero esto debe ser aceptado por todos los hombres. Del mismo modo,

---

[14] Tobías 3, 16-17
[15] Mateo 12, 29
[16] San Tomás de Aquino, *Catena Aurea*, Evangelio según san Mateo 12

La autoridad y lo diabólico

su conquista a Satanás fue definitiva, pero se desarrolla a través del tiempo y por medio del ministerio de la Iglesia. En nuestras propias vidas, en Cristo y con el poder de su Preciosísima Sangre y su Santo Nombre, participamos en la conquista del diablo. Primero, sin embargo, tenemos que luchar contra él. Por lo tanto, a través de la oración de protección, nos involucramos en esta lucha espiritual contra las fuerzas de la oscuridad, sabiendo que somos el ejército victorioso.

Es útil, entonces pensar en las oraciones de protección primero a nivel individual. Ahí funcionan como una especie de auto exorcismo, donde desechamos a los demonios que vienen contra nosotros. Tenemos autoridad sobre nosotros mismos respecto a esto. Como resultado, cuando sienta una influencia diabólica contra usted, incluso una simple tentación, puede hablar directamente contra el demonio en el nombre de Jesús. Jesús sigue siendo el que tiene la autoridad, por lo que la oración de protección debe hacerse en su nombre. La oración de protección es: «En el nombre de Jesús, te ato espíritu de N., y te arrojo al pie de la cruz para que seas juzgado por nuestro Señor». El final también podría ser: «...para recibir tu sentencia». Ripperger dice que puede agregar invocaciones a la oración, insertando «por el poder de la Preciosa Sangre» o «con la intercesión de san José», por ejemplo.[17]

Además de nosotros mismos, tenemos autoridad sobre los demás dentro de la estructura de autoridad apropiada establecida por Dios. El padre en la familia tiene autoridad sobre toda su familia. La esposa comparte esa autoridad pero no tiene el mismo liderazgo que el padre. Sin embargo, la esposa puede rezar las oraciones de protección por su esposo. Ambos pueden rezar estas oraciones por sus hijos. El padre Ripperger dice que, si bien los hijos no tienen autoridad para bendecir a sus padres, los exorcistas han notado que los hijos pueden rezar oraciones de protección sobre sus padres, debido a algunos aspectos del 4º Mandamiento. Parece haber una protección sobre los hijos que les permite hacer esta oración, tal vez porque hay momentos en que los hijos pueden tener que cuidar a sus padres en la vejez.[18]

Cuando está orando por alguien fuera de la estructura de autoridad, la oración de protección se puede rezar de manera indirecta. Esta cambiaría a: «Oh Jesús, te pido que ates el espíritu de N...». El padre

---
[17] Ripperger #7
[18] Ibídem

MATANDO DRAGONES

Ripperger recomienda esta oración por muchas razones y dice que ha visto mucho éxito en su uso. Esta se puede rezar por muchos propósitos como para alejar a los demonios que están trayendo malos amigos o relaciones a la vida de una persona o evitando que se conviertan. Los demonios pueden provocar a las personas malvadas y motivarlos a entrar en su vida o negarse a que salgan de ella. Este tipo de amistad puede ser la fuente del mal en la vida de un hijo y su mente, a través del cual el demonio puede alejar al hijo de su familia y su fe. El padre Ripperger da una versión de la oración de protección a los padres para ayudar a romper las malas relaciones.[19] Los demonios también pueden interferir con la gracia de la conversión de una persona e intentar bloquear su consentimiento. Pueden alimentar la soberbia y la arrogancia de un ateo o alguien que se niega a ingresar a la Iglesia a pesar de ver que es el curso intelectualmente apropiado a seguir.[20]

La capacidad de desafiar al diablo es algo que podemos hacer a nivel natural. La batalla contra Satanás es una condición de la existencia humana. Como resultado, Dios nos permite ejercer un grado variable de autoridad contra los demonios en esta batalla, incluso si estamos lejos de Cristo en un grado u otro. El padre Ripperger menciona, en una de sus charlas, que incluso las personas de otras religiones a veces pueden realizar un exorcismo. Esto, por supuesto, no se hará en el nombre de Jesús. Estos exorcismos generalmente solo agravan el problema, pero si funcionan, su eficacia fluye de lo que él dice que es una autoridad mutua que tenemos unos sobre otros a nivel natural.[21] Esto se ve claramente como práctica de los judíos, quienes, como dice nuestro Señor, a veces fueron efectivos para expulsar demonios. El padre Fortea agrega que para aquellos que creen en Cristo pero están separados de la Iglesia, la fe en Cristo y la creencia en el poder del nombre de Jesús son suficientes para que los exorcismos funcionen. Como en el Bautismo, el cual requiere simplemente la forma y la materia apropiada, Dios no pone demasiadas condiciones en las prácticas cristianas más esenciales para que sean válidas. Por lo tanto, incluso

---

[19] Los padres pueden rezar algo como: «En el nombre de Jesús, ato a cualquier demonio que mantiene a mi hijo junto con _____.»
[20] Ripperger #7
[21] Ripperger #4

La autoridad y lo diabólico

aquellos cristianos que no tienen órdenes santas válidas o acceso a sacerdotes, aún son capaces de expulsar al demonio hasta cierto punto.[22]

Con eso en mente, debemos tener cuidado al rezar oraciones de liberación y hacer oraciones de protección fuera de nuestra autoridad. Si desafiamos imprudentemente a un demonio, se le permite tomar represalias. Algunos santos –como san Benito, que no era sacerdote– pudieron expulsar demonios con gran eficacia. Ellos recibieron cierto don poderoso del Espíritu Santo, que fue decisión de Dios mismo y no algo que simplemente podamos reclamar porque lo deseamos. San Benito también había alcanzado un grado particular de santidad al que no se llamaría a la mayoría de las personas y que hizo que sus oraciones fueran extremadamente eficaces. Sin embargo, nunca deje de rezar por alguien por temor a que el diablo se enoje con usted. Sea prudente, persevere y prepárese para la batalla.

---

[22] Fortea, 103

Compendio VII

- La Iglesia posee tanto poder como autoridad sobre lo diabólico. Este poder sobre los demonios puede aumentar en función a la santidad del sacerdote.
- Los demonios saben quién tiene autoridad y quién no. Solo aquellos con autoridad adecuada deben proceder con un exorcismo o usar el nombre de un demonio.
- La autoridad también existe dentro de la estructura familiar. El padre de familia puede bendecir a todos los miembros de la familia. El padre y la madre pueden hacer oraciones de protección el uno por el otro y por sus hijos.
- Hay demonios que atacan específicamente a la familia, por lo que es importante que el padre y toda la familia se mantengan dedicados a nuestro Señor y en estado de gracia.
- Los exorcismos, las oraciones de protección y las oraciones de liberación son parte de la rica herencia de la Fe Católica, aunque hoy en día pocas personas son conscientes de ellas.
- La oración de protección es una herramienta esencial que todos los fieles pueden usar para protegerse contra los ataques ordinarios del enemigo.

Capítulo 8

El pecado y la influencia de Satanás

Cuando pecamos, participamos en la sumisión al diablo al que Adán y Eva fueron sometidos primero. Nuestros pecados son actos de cooperación con los planes que guían el reino de Satanás. Como resultado, los demonios obtienen una mayor autoridad sobre nosotros, particularmente si nuestros pecados son mortales.

El Papa León XIII, en su encíclica contra la masonería, comienza con una declaración poderosa sobre esta realidad. Él dice:

> El género humano, después de apartarse miserablemente de Dios, creador y dador de los bienes celestiales, *por envidia del demonio*, quedó dividido en dos bandos contrarios, de los cuales el uno combate sin descanso por la verdad y la virtud, y el otro lucha por todo cuanto es contrario a la virtud y a la verdad. El primer bando es el reino de Dios en la tierra, es decir, la Iglesia verdadera de Jesucristo. Los que quieren adherirse a ésta, de corazón como conviene para su salvación, necesitan entregarse al servicio de Dios y de su unigénito Hijo con todo su entendimiento y toda su voluntad. El otro bando es el reino de Satanás. Bajo su imperio y potestad se encuentran todos lo que, siguiendo los funestos ejemplos de su caudillo y de nuestros primeros padres, se niegan a obedecer a la ley divina y eterna y emprenden multitud de obras prescindiendo de Dios o combatiendo contra Dios.[1]

Cuando pecamos, cuando «seguimos el ejemplo funesto» de Satanás y Adán y Eva y cuando desobedecemos la ley divina y eterna, caemos

---

[1] Papa León XIII, *Humanum Genus*, 1

bajo el «imperio y potestad» del reino de Satanás. Todos deberíamos reflexionar profundamente sobre esto. En esta era, caracterizada como dijo el papa Pío XII, por la pérdida del sentido del pecado, Satanás tiene más poder. El padre Amorth agrega: Esta cualidad de nuestra era ayuda a Satanás a actuar casi sin molestias, induciendo al hombre a pecar, alejándolo progresivamente del amor de Dios.[2]

En este país, el padre Ripperger estima que el 25 por ciento de las personas están diabólicamente obsesionadas.[3] Hay demasiadas personas abriendo puertas a lo demoníaco a través del pecado mortal. En sus charlas, enfatiza fuertemente que el efecto apropiado de cada pecado mortal es la posesión.[4] La única razón por la que no somos poseídos cuando pecamos mortalmente es porque Dios bloquea al demonio, al menos en aproximadamente el 99 por ciento de los casos.[5] Cuando estamos en estado de gracia, estamos sujetos a Dios. Cuando estamos en estado de pecado, nos colocamos bajo Satanás. Nuestros pecados, ya que son actos al servicio del reino de Satanás, otorgan poderes a los demonios contra nosotros.

Pecados de entrada

Los exorcistas se refieren a estos pecados como las puertas o portales por los cuales los demonios entran al cuerpo de la persona. En el año 416, el papa Inocencio I reconoció que una persona bautizada podía ser poseída por el demonio como resultado de un vicio o un pecado.[6] San Alfonso Ligorio describe esta realidad diciendo que a través de la misma puerta, por la cual Dios deja el alma, entra el diablo.[7] El padre Fortea agrega que Dios permite la posesión diabólica para, entre otras razones, castigar a los pecadores que buscan una relación con el mal.[8]

Los portales para la influencia diabólica incluyen los llamados «vicios contrarios a la naturaleza», como la homosexualidad, que es el pecado de Sodoma. El padre Ripperger dice que si cierto demonio está

---

[2] Amorth, 64
[3] Ripperger #6
[4] Leer la sección sobre la posesión en el Capítulo 3.
[5] Ripperger #1
[6] Fortea, 98
[7] *Preparación para la muerte*
[8] Fortea, 85

El pecado y la influencia de Satanás

presente en una posesión, el exorcista sabe que ha habido un comportamiento sodomítico en la vida de la persona poseída.[9] Hay un demonio relacionado con la atracción hacia el mismo sexo para los hombres: Asmodeo; y dos para las mujeres: Lilit y Leviatán. Mientras que en el 99.9 por ciento de los casos de atracción al mismo sexo, la causa de su aparición es algún tipo de trauma, estos demonios pueden causarlo sin ningún trauma, perturbando el intelecto y agitando las pasiones.[10]

Los pecados mortales que ocurren en nuestros pensamientos también pueden ser portales para la posesión. La soberbia es un buen ejemplo. El padre Ripperger contó la historia de una mujer que se sintió tentada por la soberbia al pensar que era mejor que todos. Después de que ella accedió a este pensamiento, fue poseída.[11] San Alfonso cuenta la historia de Jeroboán, conectando el pecado y el vicio con la obediencia al diablo:

> Cuando Jeroboán se rebeló contra el Señor, procuró llevar consigo el pueblo a la idolatría, y le presentó sus ídolos, diciendo: «Aquí tienes, Israel,[12] a tus dioses». Así procede el demonio: ofrece al pecador los placeres, y le dice: «¿Qué quieres hacer de Dios?... Ve aquí al tuyo; esta pasión, este deleite. Acéptalo y abandona a Dios». Y si el pecador consiente, eso mismo hace: adora en su corazón el placer como su dios. «Vicio en el corazón, es ídolo en altar».[13]

Cuando hacemos nuestra propia voluntad debido a la soberbia, nuestra voluntad se convierte en demonio. El diablo no nos molesta tanto en este punto porque nuestra voluntad está dispuesta al mal por cuenta propia.[14] San Luis de Montfort agrega que «todo lo más puro que Dios les da lo corromperán con el mal olor de su egoísmo, de la confianza en ustedes mismos y de su propia voluntad».[15]

---

[9] Ripperger #2
[10] Ripperger #6, basado en sus observaciones y conversaciones con otros exorcistas.
[11] Ripperger #2
[12] I Reyes 12, 28
[13] *Preparación para la muerte*
[14] *La verdadera esposa de Cristo,* 143-144
[15] *La verdadera devoción,* 178

MATANDO DRAGONES

Como se mencionó anteriormente, los pecados cometidos por miembros de la familia, en particular por el padre, pueden traer demonios al hogar y a la línea familiar. Estos espíritus generacionales pueden causar problemas en muchos niveles, desde un aumento general en tentaciones, en frecuencia e intensidad, hasta la posesión de miembros de la familia. El padre Amorth afirma que tiene algunas incertidumbres sobre los espíritus generacionales, pero agrega que ha tenido una cantidad suficiente de experiencias que parecen fusionarse como evidencia de esta realidad. Han surgido casos de posesión demoníaca, por ejemplo, donde los ancestros de los poseídos estaban involucrados en brujería. Ha concluido que una maldición puede transmitirse de una generación a la siguiente, particularmente si es emitida por un padre o una madre contra su hijo, su matrimonio o sus futuros hijos.[16]

Posesión de niños

Las posesiones originadas por espíritus generacionales pueden también incluir a niños. Algunos exorcistas no creen que los niños puedan ser poseídos, pero muchos otros dan testimonio de esta realidad porque lo han visto. El padre Ripperger contó la historia de una familia cuyo hijo de diez meses parecía estar poseído. Él mismo sostuvo al niño y el demonio se manifestó haciendo que el niño tratara de sacarle sus ojos. Más tarde descubrieron que era un espíritu generacional que lo había poseído.[17] Como el padre Amorth dice, puede sorprender a algunos que incluso un recién nacido o un bebé pequeño pueda estar poseído por un demonio, pero es la pura (y terrible) realidad, con la que los exorcistas deben lidiar a menudo.[18]

La causa para la posesión de niños puede ser un espíritu generacional o la participación del niño, de alguna manera, en un ritual satánico. Los satanistas aprovechan la existencia de espíritus generacionales e intencionalmente realizan el trabajo necesario para mantener a un demonio dentro de su línea familiar. El padre Ripperger dice que algunos satanistas han mantenido con éxito el mismo demonio en una familia durante 400 años. Desde el momento en que el niño está en el

---

[16] Amorth, 60
[17] Ripperger #8
[18] Amorth, 79

El pecado y la influencia de Satanás

vientre de su madre hasta el momento en que nace, llevan a cabo todos los rituales ordenados para garantizar la posesión del niño.[19] El padre Amorth se refiere al famoso caso de Francesco Vaiasuso, cuya posesión, que se manifestó más tarde en su vida, estaba vinculada a un ritual satánico en el que se vio obligado a participar a la edad de cuatro años.[20]

Esta dedicación de un niño a Satanás es una especie de versión falsa del Bautismo, pero bien podría tener un efecto catastrófico en ese niño, dice el padre Grob.[21] El niño es vulnerable al demonio, incluso en el vientre materno, por lo que es posible que los padres hagan esto. El padre Thomas cuenta la historia de un hombre que fue maldecido por su padre mientras aún estaba en el vientre materno y sufrió abusos sexuales cuando tenía dos años. Toda su vida, hasta los 35 años, sintió una presencia que había confundido con su ángel guardián. Aunque a lo largo de su vida había sido católico practicante, fue solo a esa edad, que asistió a una Misa de Vigilia Pascual donde participaba un obispo, que el demonio se manifestó.[22]

En estos casos, la falta de participación de la voluntad en la posesión de la persona, hace que la liberación sea más fácil. Cuando la persona es bautizada, los exorcismos incluidos en el rito del Bautismo liberan cualquier mal que pueda estar dentro o sobre el niño, como los de las dedicaciones satánicas o los espíritus generacionales.[23] El caso del hombre mencionado anteriormente por el padre Thomas fue más complicado debido al abuso que sufrió además de la maldición en el vientre materno. Para demostrar este poder del Bautismo, podemos mirar una visión de santa María de Oignies que vio salir a un demonio de un bebé que estaba recibiendo el Bautismo y el Espíritu Santo entró con una multitud de ángeles.[24]

Espíritus generacionales

El padre Ripperger dice que prácticamente todas las familias tienen un espíritu generacional de algún tipo, que puede manifestarse en

---

[19] Ripperger #8
[20] Amorth, 80
[21] Artículo del Padre Grob
[22] Padre Thomas #2
[23] Artículo del Padre Grob
[24] *Preparación para la muerte*

muchas formas. Una fuente común de ese espíritu, en esta era, es probable que sea el resultado de la maldición masónica, tomada por masones de alto rango, que invoca una maldición generacional en toda la línea familiar en el futuro.[25] Si hay un masón en la familia, que alcanzó cualquier grado, no solo el más alto, el padre recomienda que la familia enfrente la posible presencia de esta maldición.[26] Esta maldición conduce a la presencia de un demonio con patrones de comportamiento muy distintos. Típicamente afectan la salud de la familia, particularmente por problemas respiratorios y tientan a la familia a pecar contra el Sexto Mandamiento, como el abuso sexual.[27]

Las mujeres vienen a consultar a los exorcistas mucho más que lo hacen los hombres. Esto es cierto por muchas razones. El padre Ripperger dice que se debe en parte al odio del diablo hacia la Santísima Virgen María. En consecuencia, el diablo odia a las mujeres. Los demonios las atacan porque saben que pueden ingresar a la familia a través de la mujer, como lo hizo Satanás con Eva.[28] A menudo las mujeres también son víctimas de abuso, esto las pone en un estado vulnerable espiritualmente del cual se aprovechan los demonios.[29] El abuso puede ser una puerta de entrada para los espíritus generacionales y los grupos satánicos a menudo lo usan como parte de sus rituales. La desviación sexual siempre está presente en los cultos satánicos.[30] Las mujeres también recurren a los exorcistas con mayor frecuencia en parte porque están más inclinadas a acudir a la Iglesia en tiempos de necesidad.[31]

A veces los niños adoptados también pueden tener un espíritu generacional. Si hay inquietud sobre el comportamiento del niño porque está fuera de lo normal, es posible que provenga de los padres biológicos.[32] Esta es la razón por la que la Iglesia tiene exorcismos para niños

---

[25] Ripperger #6
[26] El padre Ripperger aporta una oración para romper la maldición masónica en su página web: *Sensus Traditionis* – visite: http://www.sensustraditionis.org/Freemasonic.pdf
[27] Ripperger #8
[28] Amorth, 81
[29] Ripperger #1
[30] Padre Thomas #2
[31] Amorth, 81
[32] Ripperger #8

El pecado y la influencia de Satanás

en el rito tradicional del Bautismo.[33] La Sagrada Escritura da un ejemplo perfecto:

> Y se lo trajeron. Apenas el espíritu vio a Jesús, agitó violentamente al muchacho y, cayendo en tierra, se revolcaba echando espumarajos. Entonces él preguntó a su padre: «¿Cuánto tiempo hace que le viene sucediendo esto?» Le dijo: «Desde niño.»[34]

Al leer este pasaje, vemos que el padre trae a su hijo a nuestro Señor. Cuando le pregunta al padre cuánto tiempo ha estado el demonio en el niño, el padre responde que ha estado allí desde la niñez, o en latín, desde la infancia. Por lo tanto, esto es de un espíritu generacional o de una maldición, lo cual puede ser enfrentado por el exorcismo durante el Bautismo.

Cuando se trata de librar a su familia de la presencia de un espíritu generacional, es importante recordar que Dios ha permitido que el demonio esté allí. El demonio es perturbador y peligroso, pero carece de poder ante Dios. Por lo tanto, cuando volvemos a Dios, el demonio puede ser eliminado. Un paso fundamental es ir a Confesión. Todos los exorcistas dicen que la Confesión es más efectiva que un exorcismo. La Confesión remedia nuestra vida espiritual en múltiples niveles, lo que nos hace menos apetecibles a los demonios. Los demonios entonces no son capaces de echarnos la culpa de nuestros pecados a nosotros mismos, nuestra alma se vuelve radiante con la gracia santificante, nuestras pasiones desordenadas se corrigen parcialmente, nuestro odio al pecado aumenta y estamos sobrenaturalmente atraídos a pensar en Dios debido al aumento en las virtudes teologales.

El padre Ripperger recomienda que recemos a la Santísima Virgen María específicamente bajo el título de la «Virgen Dolorosa».[35] Cuando ella estaba con Simeón en la Presentación de nuestro Señor en el Templo,[36] y él profetizó que una espada atravesaría su alma, ella abrazó este destino para sufrir con su hijo. Su sufrimiento voluntario

---

[33] El rito moderno del Bautismo no tiene el mismo número o intensidad de exorcismos presentes en el rito que era usado en la Iglesia hasta la reforma en 1999. El antiguo rito sigue siendo una opción para los exorcistas, la mayoría de los cuales lo prefieren antes que el nuevo.
[34] Marcos 9, 20-21
[35] Leer más sobre la Virgen Dolorosa en el Capítulo 9.
[36] Lucas 2, 22

con Cristo merece una intimidad con Dios por la cual ella sabe cosas que nadie más sabe porque Dios se las revela. Este es el significado del versículo: «¡y a ti misma una espada te atravesará el alma! –a fin de que queden al descubierto las intenciones de muchos corazones». Nuestra Dolorosa, dice el padre, nos ayudará a detectar los demonios en nuestra vida y mostrará cómo eliminarlos.[37]

San Luis de Montfort tiene dos declaraciones conmovedoras que se relacionan con la realidad de los espíritus generacionales y el poder de la Virgen María para ayudarnos a eliminarlos. Él dice: «Eva, al obedecer a la serpiente, se hizo causa de perdición para sí y para todos sus hijos, entregándolos a Satanás; María, al permanecer perfectamente fiel a Dios, se convirtió en causa de salvación para sí y para todos sus hijos y servidores, consagrándolos al Señor».[38] Añade: «María descubrirá siempre su malicia de serpiente, manifestará sus tramas infernales, desvanecerá sus planes diabólicos y defenderá hasta el fin a sus servidores de aquellas garras mortíferas».[39]

---

[37] Ripperger #9
[38] *La verdadera devoción*, 53
[39] *La verdadera devoción*, 54

Compendio VIII

+ El pecado mortal nos separa de la gracia de Dios y nos alinea con Satanás, haciéndonos vulnerables a las influencias diabólicas, incluyendo la posesión.
+ En casi todos los casos de pecado mortal, Dios bloquea a los demonios para que no procedan con la posesión.
+ Estos pecados se conocen como pecados de entrada y pueden hacernos vulnerables a los demonios como individuos y hacer que los miembros de nuestra familia sean más vulnerables a su presencia e influencia.
+ Es posible que los niños sean poseídos como resultado de la existencia de demonios en la línea familiar o por la participación forzada del niño en rituales satánicos.
+ Uno de los poderes y propósitos del Bautismo es romper y eliminar la presencia de cualquier demonio en el niño.
+ Invocar la ayuda de la Santísima Virgen María bajo el título de la «Virgen Dolorosa» es particularmente útil para detectar y eliminar a los demonios que existen en nuestra vida.

Capítulo 9

Resistiendo la influencia diabólica

El padre Ripperger dice que los demonios tienen un principio básico que los guía: «¡Cualquier cosa excepto Dios!» Por lo tanto, debemos mantener nuestro enfoque en Dios y nos dejarán en paz.

En estos tiempos, que las almas más fieles están a prueba y atraen a muchas otras a desviarse del camino correcto, persiguiendo las maravillas de la era moderna con abundantes novedades morales y tecnológicas, esas almas que anhelan fuerza y protección contra el mal, a menudo no saben dónde encontrarla. Tienen una comprensión básica de la tradición respecto a la oración y recurren a los Sacramentos a los que la Iglesia les llama, pero las muchas armas poderosas que nuestro Señor ha confiado a su Iglesia a lo largo de los siglos han sido, en gran medida, olvidadas.

Los sacerdotes, maestros y teólogos laicos de hoy están dedicados a lo que podría llamarse «arqueología espiritual», excavando en el pasado para descubrir lo que se ha ocultado bajo el colapso de la cultura cristiana. Exorcistas como los padres Ripperger, Amorth, Fortea, Thomas y otros exorcistas mencionados en este libro, y todos los sacerdotes y maestros devotos y fieles a la Fe, que transmiten las tradiciones sagradas, las presentan metafóricamente con manos manchadas de barro y tierra. Cuando contemplamos lo que ofrecen, a menudo decimos: «No había escuchado eso antes». Sin embargo, debemos dejar que esa declaración surja de la fe y no de la duda; y ver que estas reliquias espirituales son auténticas y no simplemente algo que ellos concibieron solos.

Esta introducción es necesaria mientras reflexionamos sobre los medios que la Iglesia nos ha dado para ser fortalecidos y prepararnos para la batalla. Los sacramentales y las prácticas espirituales tradicionales nos fortalecerán como templos donde habita el Espíritu Santo; mejorarán nuestras tácticas de batalla espiritual para este combate en el que nos hemos alistado mediante nuestro Bautismo.

MATANDO DRAGONES

San Luis de Montfort nos brinda una buena reflexión sobre la importancia de la promesa que todos hacemos en nuestro Bautismo. Él recuerda lo que dijo santo Tomás, que «los hombres prometen en el Bautismo renunciar al diablo y todas sus pompas».[1] Esta promesa, continúa, según san Agustín, es la más grande e indispensable de todas las promesas. El Catecismo del Concilio de Trento hace un llamado a los fieles para que continúen con la práctica de renovar sus promesas bautismales con más frecuencia para combatir los graves trastornos en la vida cristiana. Este Catecismo dice: «El párroco exhortará al pueblo fiel para hacerle comprender que nosotros, más que cualquier hombre, debemos ofrecernos y consagrarnos eternamente como esclavos a nuestro Señor y Redentor».[2] El padre Amorth dice que recitar el Credo y las renuncias a Satanás de la renovación de las promesas bautismales, sirve para romper todos los lazos con el maligno, particularmente para aquellos que han tenido experiencias con lo oculto.[3]

A medida que comenzamos a exponer los medios para resistir adecuadamente la influencia diabólica, revisemos brevemente algunos conceptos fundamentales relacionados con el tema de la posesión. Como el padre Ripperger ha dicho, hay tres formas en que uno puede ser poseído.[4] La primera es a través del pecado mortal. Esta es la que debe recordarse en todo momento y que este capítulo abordará en gran detalle. El efecto propio de cada pecado mortal, aunque típicamente bloqueado por Dios, es la posesión. Esto incluye todos los pecados mortales, como la soberbia, fornicación y pornografía, entre otros. Sin embargo, Dios está completamente en control de la actividad de los demonios y solo él puede permitir que ocurra la posesión. El pecado mortal abre la puerta para que estos entren al alma, pero no pueden entrar a menos que Cristo lo permita. Como el padre Ripperger ha dicho, en todos los casos, menos en los más raros, Dios los bloquea.

Cuando ocurre una posesión, generalmente hay signos típicos que indican que el demonio está presente. Una de las muchas señales, previamente discutidas, aparecerá en la vida de la persona. Cuando el

---

[1] *La verdadera devoción*, 127
[2] *La verdadera devoción*, 128-9
[3] Amorth, 23
[4] Ripperger #2

Resistiendo la influencia diabólica

padre Weber estaba en formación para ser exorcista, se le aconsejó buscar una hostilidad repentina hacia Dios, la religión y las cosas santas, que no existían antes. Esto indicaría una posible posesión.[5] El padre Ripperger dice que los demonios son llamativos y les gusta presumir una vez que han logrado algo, por lo que habrá un cambio en la persona si se produce la posesión.[6]

Sin embargo, si una persona ha cometido un pecado mortal y no se observan cambios, entonces no debe preocuparse por la posesión. Rece, confiésese, haga penitencia, «vete y en adelante no peques más».[7] Si nota algo claramente diabólico, hable con un buen sacerdote al respecto. Si no nota nada, entonces es mejor dejar de preocuparse y mantener su enfoque en Dios. Incluso si hay un demonio presente, ha dado el primer paso para expulsarlo.

La segunda forma en la que una persona puede ser poseída es cuando ha sufrido algún tipo de trauma, como una violación o abuso. Presenciar algo traumático, o sufrir un abuso personal, puede causar una herida profunda que necesita ser sanada. Sin esa sanación, podemos ser vulnerables a emociones y pensamientos negativos.[8] Cuando una persona actúa de forma malvada contra otra persona o cosa, mediante un abuso o algún tipo de ataque traumático, lo hace de manera desordenada sobre ellos, y el demonio puede aferrarse a la persona o cosa en ese momento.[9] El padre Martins dijo que el trauma puede llevar a perder la fe en la bondad de Dios y en el mundo que creó. El trauma puede dejar una herida y esa herida puede sacudir la bondad de la realidad.[10] Añade que, como resultado, un espíritu de temor puede aferrarse a esa persona.

El padre Thomas dice que el 80 por ciento de las personas que vienen a consultarlo son víctimas de abuso.[11] Añade que la herida por el abuso tiende a ganar un componente diabólico cuando la víctima, para encontrar sanación o paz, se expone y se mete en el ocultismo. El abuso se convierte en un portal que hace que las invitaciones al mal

---

[5] Video del padre Weber
[6] Ripperger #2
[7] Juan 8, 11
[8] Video del padre Grob
[9] Ripperger #2
[10] Video del padre Martins
[11] Padre Thomas #2

MATANDO DRAGONES

sean aceptadas más fácilmente.[12] Hablando sobre el poder negativo del abuso, el padre Amorth dice que la víctima femenina de una «misa negra» satánica a menudo sufre la consecuencia del ritual, que es la posesión.[13]

Para ilustrar el poder de lo demoníaco de pegarse a las cosas que se usan de manera malvada, el padre Ripperger contó la historia de un exorcista que visitó una casa donde se había reportado que ocurrían cosas extrañas. El antiguo dueño de la casa había disparado y asesinado a su esposa en el patio trasero. Cuando el sacerdote visitó la casa, estaba mirando alrededor y encontró un cartucho de escopeta en el área donde ocurrió el asesinato. El padre dice que desde el momento en que lo recogió hasta el momento en que lo destruyó, todo en su vida salió mal.[14] El padre Fortea comenta sobre la importancia de manejar tales objetos. En algunos exorcismos, el poseído vomita un objeto maldito. Si esto sucede, el exorcista no debe tocar el objeto y debe quemarlo, no tirarlo. Si sujeta el objeto, debe continuar rezando mientras lo hace. Debe lavar sus manos con agua bendita. Si no, este tipo de objeto puede causarle problemas de salud por algún tiempo.[15]

La tercera forma de ser poseído es extremadamente rara: estrictamente por la voluntad de Dios. Uno de los pocos ejemplos de esto, dice el padre Ripperger, involucró a una monja en Iowa. El exorcista ordenó al demonio que estaba dentro de ella que revelara el pecado que había cometido que condujo a la posesión. El demonio admitió que la monja no había cometido ningún pecado. El demonio continuó diciendo que había un pecado en la región y Dios deseaba que se hiciera reparación por ese pecado. Como resultado de esa información, establecieron adoración perpetua en toda la diócesis y en tres días, ella fue liberada del demonio.[16]

Dios permite la posesión de alguien en estado de gracia, a través de un hechizo, por ejemplo, porque según el padre Fortea, muchas veces los males que le ocurren al cuerpo de una persona en posesión son una fuente de bendición para el alma.[17] Una mujer, por citar un caso, a

---

[12] Padre Thomas #1
[13] Amorth, 37
[14] Ripperger #2
[15] Fortea, 110
[16] Ripperger #2
[17] Fortea, 83

Resistiendo la influencia diabólica

quien el padre Ripperger conocía y que estaba poseída, logró un alto grado de santidad a través de su batalla contra el demonio hasta el punto en que parecía estar básicamente libre de pecado.[18]

Como se acaba de demostrar, la posesión solo puede ocurrir si elegimos cometer un pecado mortal, si somos víctimas o estamos asociados con un evento de gran trauma, o si Dios, con permiso único y raro, simplemente permite que la posesión ocurra. Como resultado, no tenemos nada que temer si nos mantenemos cerca de nuestro Señor. El diablo está activo, pero no está detrás de cada puerta o listo para saltar cuando pecamos. La fidelidad a Cristo y recurrir a la ayuda que nos da en los Sacramentos y sacramentales es suficiente para protegernos. En ese punto, si Dios permitiera que un demonio entre en su vida, usted sabría cómo responder. Aquí, recuerde las palabras de san Pedro:

> Humillaos, pues, bajo la poderosa mano de Dios para que, llegada la ocasión, os ensalce; confiadle todas vuestras preocupaciones, pues él cuida de vosotros. Sed sobrios y velad. Vuestro adversario, el diablo, ronda como león rugiente, buscando a quién devorar. Resistidle firmes en la fe.[19]

Añadiendo a este énfasis de la fe, san Juan de la Cruz habla sobre la impotencia experimentada por el diablo cuando se enfrenta a un alma que es fuerte en esta virtud. Él dice:

> Y así, yendo el alma vestida de fe, no ve ni atina el demonio a empecerla, porque con la fe va muy amparada, más que con todas las demás virtudes, contra el demonio, que es el más fuerte y astuto enemigo. Que, por eso, san Pedro no halló otro mayor amparo que ella para librarse de él, cuando dijo: *Cui resistite fortes in fide.*[20] Y para conseguir la gracia y unión del Amado no puede el alma haber mejor túnica y camisa interior, para fundamento y principio de las demás vestiduras de virtudes, que esta blancura de fe, porque *sin ella,* como dice el

---

[18] Ripperger #2
[19] I Pedro 5, 6-9
[20] «Resístelo, firme en tu fe»

MATANDO DRAGONES

Apóstol, es imposible agradar a Dios, y con ella es imposible dejarle de agradar.[21]

Aquí hay una imagen del diablo que nos hace entender muchos puntos que tenemos que recordar. El diablo, con todos sus demonios, es como un charlatán, un embaucador o un circo. No debemos dejar que su actuación nos atraiga. Aunque tiene maravillas que mostrarnos y grandes trucos que realizar para divertirnos, también tiene leones y otras cosas salvajes para devorarnos. Él captura almas para transformarlas en monstruos de la naturaleza. La rareza, novedad y peligro del diablo atrae a muchos a echar un vistazo y ver de qué se trata. En ese momento, los percibe en su vista y se dedica a atraerlos por completo. Sin embargo, si resistimos a él y lo ignoramos, negando sus anuncios y tentaciones, parará su obra y se irá a otro lugar.

Recuerde que viene sin ser invitado y que también puede regresar sin invitación. Como nuestro Señor indica sobre el diablo,[22] si es expulsado, regresa con mayor fuerza y dedicación a la misión de destruir. Por consiguiente, debemos estar atentos: saber a dónde va y qué le atrae, conocer a sus asociados, saber lo que desprecia y actuar como corresponde.

Ignorando al diablo

El diablo y los demonios, aunque prefieren pasar desapercibidos, también anhelan atención y gloria, por lo que la mejor alternativa es ignorarlos. Ignórelos primero y principalmente amando a Dios y manteniéndose en estado de gracia. Ignórelos en segundo lugar, descartando sus sugerencias e ignorando su presencia. Hay una famosa historia de santa Teresa de Ávila que demuestra este enfoque. Ella estaba acostada en la cama y sintió una presencia espiritual. Temiendo que fuera Dios, se dio la vuelta para ver quién era. En lugar de Dios, era el demonio que se manifestó sobre su cama. En respuesta, ella simplemente dijo: «Oh, solo eres tú» y se dio la vuelta y se fue a dormir.

Lo mejor que puede hacer es tratar a los demonios como malos pensamientos: ignorarlos y sacarlos de su mente. El padre Ripperger

---

[21] *Noche oscura del alma*
[22] Mateos 12, 45

Resistiendo la influencia diabólica

aconseja que, si ve algo extraño y piensa que podría ser demoníaco, simplemente rece y siga adelante. Si continúa o se vuelve extraño, entonces consulte con un sacerdote. Además, no piense primero que es del diablo, sino busque una explicación natural.[23] El padre Fortea dice que dada la naturaleza de la tentación demoníaca, el mejor remedio es rezar e ignorar la tentación tanto como sea posible y hacer exactamente lo contrario a lo que se le está proponiendo.[24]

El padre Ripperger dice que si el demonio no está cumpliendo en algún momento durante un exorcismo, simplemente los ignora. Los demonios encuentran esto irritante ya que quieren que se reconozca su resistencia y que el sacerdote se enfade. Esto es lo contrario a lo que hizo Eva, quien no ignoró al demonio, lo que a ellos les deleita. Ellos se fastidian cuando no seguimos su juego.[25]

San Juan de la Cruz nos da consejos claros sobre cómo reaccionar ante fenómenos extraños, incluso si creemos que podrían venir de Dios: ignórelos.[26] El padre Antonio Moreno, en un artículo sobre san Juan de la Cruz, dice que, aunque los fenómenos extraordinarios a veces vienen de Dios, más a menudo provienen del diablo.[27] Ignorar estas cosas es algo prudente. La prudencia es una virtud y nunca ofendemos a Dios al ser virtuosos. Sin embargo, la curiosidad puede ser un vicio y el diablo ha atraído a muchas almas hacia él, comenzando con Eva, a través de ese pecado. En este contexto de tener curiosidad por las señales, el padre Ripperger advierte contra quedarse atrapado en el movimiento carismático que, como dice es un movimiento de señales y maravillas.[28]

Este consejo es muy importante para que los exorcistas también lo sigan durante el transcurso del exorcismo. Las diversas manifestaciones del demonio se emplean en parte para distraer al sacerdote. Los demonios conocen sus debilidades y tratarán de «presionar el botón correcto» para desestabilizarlo. El demonio también está jugando con la mente del sacerdote en el proceso, tratando de desviar su atención del exorcismo, presionándolo a deliberaciones internas y, allí, en su mente

---

[23] Ripperger #1
[24] Fortea, 49
[25] Ripperger #7
[26] Ripperger #4
[27] https://www.catholicculture.org/culture/library/view.cfm?recnum=8280
[28] Ripperger #4

llevarlo al pecado. Una táctica del demonio es sacar a relucir los pecados del sacerdote, sus defectos y debilidades que conoce.[29] Al presionar esos botones, el demonio trata de socavar la fe, esperanza y caridad del sacerdote, llevándolo a dudar del poder y la misericordia de Dios y debilitándolo lentamente de tal manera que sea incapaz o no esté dispuesto a realizar el exorcismo correctamente.

El padre Ripperger contó una historia sobre un exorcismo en el que el obispo local había participado, aunque no como el exorcista principal. Durante el transcurso del exorcismo, el demonio dejó de hablar con el exorcista y desafió al obispo por un pecado que había cometido recientemente. Lo que dijo el demonio resultó ser cierto.[30] El padre Grob dice que los demonios son capaces de sacar a relucir pecados que no han sido confesados. Él manifiesta que el pecado es el dominio de las tinieblas y cuando se confiesa, está cubierto con la Preciosa Sangre de Jesús y es eliminado. Pero el maligno mira y observa. Ve nuestros hábitos. Ve nuestras prácticas. Ve lo que hacemos.[31]

Estabilidad mental

El pecado nos causa daño en todos los sentidos: físicamente, intelectualmente y en el poder de nuestra voluntad. El pecado puede dañar y matar nuestros cuerpos. El pecado puede entrenarnos a pensar que el mal es bueno y que el bien es malo. El pecado puede entrenarnos a amar y desear el mal, así como a detestar y evitar el bien. El pecado nos hiere y estas heridas pueden venir a nosotros por nuestros propios pecados y por los pecados de otras personas. San Luis de Montfort dice que «nuestros pecados actuales, mortales o veniales, aunque estén perdonados, han acrecentado la concupiscencia, debilidad, inconstancia y corrupción naturales y dejado huellas de maldad en nosotros».[32] Estas debilidades y heridas se convierten en los puntos focales de las tentaciones del diablo.[33]

Algunos demonios se conocen como «espíritus aferrados», los que se unen a nuestras heridas y buscan evitar la sanación requerida. Estos

---

[29] Ripperger #1
[30] Ripperger #2
[31] Video del padre Grob
[32] *La verdadera devoción*, 79
[33] Amorth, 64

Resistiendo la influencia diabólica

espíritus también pueden unirse a las heridas que han surgido a través del contacto sexual pecaminoso o las relaciones emocionalmente abusivas. Además de ser un pecado grave, estos comportamientos también han creado vínculos profundos pero no saludables en las personas. Después de que estos hayan sido confesados y aunque nuestro pecado es perdonado, los demonios quieren evitar una profunda sanación emocional y espiritual.[34]

Los rencores, las quejas y los rechazos para perdonar a otros, pueden evitar que los exorcismos progresen como deberían. Como el padre Ripperger señala, todos en el cielo han perdonado a todos, pero en el infierno es lo contrario.[35] Si nos aferramos al odio, haremos que los demonios se sientan como en casa y no querrán irse tan fácilmente.

El autoconocimiento es vital para la salud espiritual. Esto requiere fe, suplicar a Dios que le ilumine y humildad para aceptar todo lo que él revele de usted. El autoengaño es algo en lo que uno puede caer fácilmente y de lo que el demonio se puede aprovechar. A través de la presencia del vicio en el alma, también somos capaces de creer verdaderamente que algo malo es realmente bueno e inofensivo, cuando en realidad es todo lo contrario. Este conocimiento se extiende a nuestros recuerdos, que pueden permanecer en nuestra mente en mayor o menor medida. El padre Ripperger recomienda rezar por el olvido y la purificación de la memoria. Los demonios pueden usar estos recuerdos para afectar nuestra imaginación, lo que influirá en nuestras emociones e inclinaciones, convirtiéndose en una trampa para el pecado.[36] Este olvido también puede ayudar a lograr la curación de viejas heridas, que son un punto focal de la actividad del diablo en nuestra vida.

---

[34] Fortea, 95
[35] Ripperger #6
[36] Ripperger #3

Compendio IX

- Hay muchas tradiciones sagradas en nuestra Fe de las cuales las personas en la actualidad son más o menos inconscientes, pero que los exorcistas ven y enseñan como valiosas fuentes de fortaleza espiritual.
- Hay tres formas por las cuales una persona puede ser poseída, cada una depende del permiso de Dios: pecado mortal, trauma grave y la voluntad de Dios.
- Los demonios se adhieren a personas, cosas y lugares cuando se introduce el desorden. Esto incluye el abuso y el trauma. Estas son heridas graves que los demonios buscan explotar.
- La fe y un enfoque serio en Dios son suficientes para protegernos contra la posesión y la influencia diabólica grave.
- En todo sentido, es mejor ignorar al diablo, ya sea en la tentación ordinaria o en manifestaciones extraordinarias. Si continúa o se vuelve más serio, entonces consulte con un sacerdote.
- El pecado y los vicios nos dañan y crean heridas que son cargas que nos desestabilizan y nos hacen más vulnerables a las influencias diabólicas.
- Es importante ser honesto acerca de nuestras debilidades y buscar la sanación de nuestro pasado y de nuestros vicios para así poder avanzar firmemente en la vida espiritual.

Capítulo 10

Protegiendo su vida espiritual

Dios, dice Orígenes, está más atento a nuestra salvación, que el diablo a nuestra perdición porque el Señor ama nuestras almas mucho más de lo que el diablo las odia.[1]

Estas palabras, transmitidas en los escritos de san Alfonso Ligorio, nos señalan los abundantes medios que nuestro Señor nos ha dado a través de su Iglesia, mediante los cuales podemos alcanzar nuestra salvación de manera más segura. Estos medios son armas para la batalla espiritual a la que fuimos reclutados en nuestro Bautismo. Los «cristianos», como afirma firmemente el papa León XIII, «nacen para combatir».[2] Triunfaremos con más seguridad mientras más poderosamente luchemos. Escuche también otra advertencia de san Alfonso sobre este punto, cuando dice: «ahora más que nunca debes prepararte para el combate; porque nuestros enemigos, el mundo, el demonio y la carne, ahora más que nunca se aprestarán a moverte [hacia la] guerra con el fin de que pierdas cuanto hubieres conquistado».[3] Por lo tanto, debemos proteger los grandes tesoros de gracia que nuestro Señor nos ha otorgado tan generosamente.

El padre Ripperger dice que, cuando Dios otorga la gracia santificante a alguien, protege esta gracia con gracias reales.[4] Él lo ve como algo que garantiza y espera cosechar. Esto se ve claro en la parábola de los talentos.[5] Como resultado, él busca asegurar la gracia que imparte, para que no regrese sin dar fruto. Isaías describe la Palabra de Dios de manera similar:

---

[1] *Preparación para la muerte*
[2] Papa León XIII, *Sapientiae Christianae* 14
[3] *Preparación para la muerte*
[4] Ripperger #7
[5] Mateo 25, 14-30

MATANDO DRAGONES

> Como descienden la lluvia y la nieve de los cielos y no vuelven allá, sino que empapan la tierra, la fecundan y la hacen germinar, para que dé simiente al sembrador y pan para comer, así será mi palabra, la que salga de mi boca, que no tornará a mí de vacío, sin que haya realizado lo que me plugo y haya cumplido aquello a que la envié.[6]

La Palabra de Dios es nuestro Señor y la gracia que él otorga es su propia vida divina. Por lo tanto, lo que él nos ha otorgado no volverá a él vacío, sino que debe prosperar en las cosas por las cuales él lo envió, cumpliendo así su voluntad.

Mientras permanezcamos en estado de gracia, nuestro Señor nos protegerá. Esta es su promesa. Él dice: «Si alguno me ama, guardará mi Palabra, y mi Padre le amará, y vendremos a él, y haremos morada en él».[7] Con la Santísima Trinidad habitando dentro de nosotros, nada puede molestarnos. Esto es lo que santa Teresa de Ávila transmite en su famosa oración:

> Nada te turbe, nada te espante.
> Todo se pasa. Dios no se muda.
> La paciencia todo lo alcanza.
> Quien a Dios tiene, nada le falta.
> Solo Dios basta.

El trabajo fundamental, entonces, es permanecer en estado de gracia y bajo la protección de Dios, para que siempre podamos vivir en ese lugar de paz. Cuando abandonamos la protección de Dios, ya no estamos protegidos y nos exponemos a muchos peligros. Debemos seriamente dedicarnos a obedecer a Cristo. La falta de entusiasmo puede llevar a vivir una vida con buenas intenciones pero con falta de cumplimiento. Tener «buenas intenciones» como lo pone el padre Fortea, no sirve de nada; la ley de Dios es objetiva y debe ser obedecida.[8]

---

[6] Isaias 55, 10-11
[7] Juan 14, 23
[8] Fortea, 108

Protegiendo su vida espiritual

Los demonios son depredadores, explica el padre Ripperger.[9] Merodean buscando la presa más débil y fácil. Como cuando una chita caza a una gacela, ataca a la que puede derrocar más fácilmente, que suele ser la más lenta o más cercana al peligro, de igual forma un demonio persigue a los que están más cercanos a su camino, como los espiritualmente heridos y cojos, que ignoran la medicina que proporciona la Iglesia o están buscando la verdad fuera de Cristo. Como lo expone el padre Thomas, cuando alguien se expone a sí mismo a buscar respuestas por medio del ocultismo, una entidad puede venir porque huele sangre.[10]

Para evitar este comportamiento depredador, una de las cosas que debemos hacer es permitir que nuestro Señor nos sane. Estas heridas y debilidades pueden y deben ser sanadas con la gracia de nuestro Señor Jesucristo que fluye a través de su Iglesia. Cuando nuestro Señor permitió que lo mataran, lo hizo para que se cumpliera la profecía de Isaías que decía: «Con sus cardenales hemos sido curados».[11] Por lo tanto, el sufrimiento y las heridas de Cristo logran nuestra sanación y salvación. Las heridas por las cuales derramó su Preciosa Sangre nos hacen dignos de una sanación total y completa: física, sicológica, espiritual y moral. San Gregorio Nazianzo dijo que lo que no se ha asumido, no se ha sanado. Nuestro Señor asumió toda nuestra naturaleza humana. Por lo tanto, es posible que lleguemos a una sanación total y completa a través de él.

Cuando se produce esta sanación, literalmente se bloquea a los demonios para que no se aferren a nosotros. La sanación se producirá necesariamente como resultado de un aumento de fe y devoción a nuestro Señor. Este es el camino que muchos de los grandes santos han tomado, quienes fueron buscando sanar y conquistar las pasiones desordenadas de su carne. Después de esta victoria, se convirtieron en los grandes enemigos del demonio, que es como los conocemos.

El padre Amorth dice que el demonio mantiene su distancia de aquel que nutre su fe, frecuenta los sacramentos y quiere vivir devotamente.[12] Este crecimiento en santidad, que dependerá de Cristo, aumentará la eficacia de nuestros esfuerzos en la batalla espiritual. Los

---

[9] Ripperger #7
[10] Padre Thomas #2
[11] Isaias 53, 5
[12] Amorth, 21

MATANDO DRAGONES

Padres de la Iglesia frecuentemente mencionaron, en los primeros tres siglos de la Iglesia, que los discípulos tenían el poder de expulsar demonios. Un gran número de ellos eran monjes, como san Benito, cuya eficacia contra el mal fluía de su ascetismo y santidad.[13] Según las reglas de la Iglesia en ese momento, los exorcismos aún no se limitaban a los sacerdotes que trabajaban con la autoridad del obispo.

Medios generales de protección

Ahora, pasemos a los abundantes consejos que dan los sacerdotes y exorcistas para proteger nuestra vida espiritual y avanzar más fácilmente en el camino hacia la salvación. Una nota importante aquí, como se mencionó anteriormente, es que estos sacerdotes y exorcistas están inmersos en las tradiciones de la Iglesia y han hecho el trabajo espiritual necesario para descubrir las antiguas riquezas de la Fe, desconocidas en esta época actual de la Iglesia. Como resultado, algunas de las cosas que aconsejan nos parecerán extrañas o podremos pensar que son viejas supersticiones, condenadas por la Iglesia moderna; sin embargo, son auténticamente católicas.

Yo mismo he procesado estos pensamientos. Al haber regresado a la Fe hace casi veinte años, he estado en un proceso interminable de aprendizaje de las verdades de la Fe con sacerdotes sabios y eruditos. Debemos tener cuidado de cómo desarrollamos nuestras creencias, aferrarnos siempre a la santa novia de Cristo y así mantenernos completamente apegados a la Vid, que es Cristo. Este es un esfuerzo que siempre ha estado presente en la vida de los cristianos. Incluso en la era apostólica, se dieron estas advertencias, como se ve en la exhortación de san Pablo a Timoteo:

> Te conjuro en presencia de Dios y de Cristo Jesús que ha de venir a juzgar a vivos y muertos, por su Manifestación y por su Reino: Proclama la Palabra, insiste a tiempo y a destiempo, reprende, amenaza, exhorta con toda paciencia y doctrina. Porque vendrá un tiempo en que los hombres no soportarán la doctrina sana, sino que, arrastrados por su propias pasiones,

---

[13] Amorth, 98

Protegiendo su vida espiritual

se harán con un montón de maestros por el prurito de oír novedades; apartarán sus oídos de la verdad y se volverán a las fábulas. Tú, en cambio, pórtate en todo con prudencia, soporta los sufrimientos, realiza la función de evangelizador, desempeña a la perfección tu ministerio.[14]

Es el trabajo de todo católico discernir bien para no seguir a esos maestros que fueron contratados para enseñar una doctrina de mitos y fábulas, olvidando las verdades transmitidas por nuestro Señor y sus apóstoles.

Los exorcistas son muy comprensivos y empáticos con las personas que enfrentan influencias diabólicas. Saben que las personas están sufriendo intensamente con estos problemas y su afán de ayudar se amplifica con esta compasión. También están muy enfocados cuando ofrecen consejos y asesoramiento. Los exorcistas se toman mucho tiempo con una persona que viene a consultarlos para diagnosticar adecuadamente, no solo si se trata de un problema médico o espiritual, sino cuál es la naturaleza exacta del problema espiritual. Los demonios pueden entrar a través de un pecado, pero luego agitar las pasiones y llevar a una persona intensamente hacia otro pecado diferente. A menudo, la persona no puede ver qué pecado es el verdadero problema, pero el exorcista sí. Como resultado, los esfuerzos del exorcista se dirigen a la batalla espiritual más precisa posible.

Estado de gracia

La primera y más importante pieza de nuestra armadura espiritual, para tratar de resistir las influencias diabólicas, es estar y permanecer siempre en estado de gracia. Como el padre Ripperger dice: «¡Nunca caiga en pecado mortal!»[15] A los demonios no les gusta involucrarse con nosotros si estamos en estado de gracia. Como se dijo anteriormente, Dios ha invertido su gracia en nosotros y la protegerá. El estado de gracia también merece nuestra protección debido a nuestra fidelidad a su alianza. En ese estado, nuestro Señor está muy inclinado a conceder nuestras peticiones de protección. Cuando abandonamos el estado

---

[14] 2 Timoteo 4, 1-5
[15] Leer más sobre el pecado mortal en el Capítulo 3. También Ripperger #1

de gracia, no nos promete dar su protección, ya que lo hemos alejado. El sufrimiento, como resultado del pecado, es un castigo medicinal que puede usarse para traernos de regreso y enseñarnos a tomar el pecado en serio.

Es fundamental llevar una buena vida católica que incluya, entre muchas otras cosas, la Misa y la Confesión semanal o mensual. Esto mantendrá y fortalecerá al alma en estado de gracia. El padre Fortea manifiesta que cuando estamos en estado de gracia, somos una vivienda desagradable para el demonio.[16] El padre Amorth dice que el diablo está más tranquilo si no tiene que vivir con la oración, el ayuno, la Eucaristía y otras prácticas sacramentales.[17] Si vivimos una vida católica normal y buena, las probabilidades de ser influenciados por el diablo son raras, aunque todavía pueden suceder.

Aquellos que se separan de la Fe están más expuestos al peligro de la actividad del diablo, ya que sus almas son más acogedoras para él.[18] Del mismo modo, cuando se comete un pecado mortal en una casa, los demonios ven esto como una invitación a establecerse allí. Esta invitación debe ser anulada formalmente y reemplazada por las bendiciones de Dios todopoderoso.[19] Así es como los espíritus generacionales ingresan a las familias, particularmente a través del padre, pero también a través de cualquier miembro de la familia. Los demonios se enfocan en el padre como cabeza de la familia y en la madre, como lo hicieron primero con Eva, a través de la cual también pueden ingresar a la casa.

Cuando Adán eligió comer la fruta prohibida y escuchar a Satanás, entabló una relación con él y le entregó su propia autoridad. Esto llevó a Adán y a todos nosotros a la servidumbre y esclavitud del maligno. Cada vez que nos alejamos de Dios y la bondad, hacemos un vínculo con el mal. Estas conexiones le dan a los demonios el derecho de actuar sobre nosotros y nuestras vidas.[20]

La liberación del mal, con respecto tanto a la presencia de demonios en nuestras vidas como a la inclinación al mal en nuestras almas, es el objetivo de la vida cristiana. La oración que nuestro Señor nos enseñó termina con la frase: «líbranos de todo mal», que también se

---

[16] Fortea, 68
[17] Amorth, 67
[18] Ibídem
[19] Video del padre Martins
[20] Ibídem

traduce: «líbranos del maligno». Este significado es importante y ambos componentes deben recordarse.

El padre Amorth entiende la declaración de nuestro Señor: «En mi nombre expulsarán demonios»,[21] como aplicado a la auto-liberación. Sin embargo, para que esto ocurra, debe estar unido a una vida de gracia, recibiendo los Sacramentos, invocando la ayuda de María y los santos y rezando con fe.[22] La liberación es un regalo de Dios. Como el padre Amorth también afirma, para liberarse es necesario vivir en gracia de Dios, perdonar al que le ha hecho mal, erradicar los vicios y romper los lazos humanos que lo mantienen cerca del maligno.[23]

Confesión

Como parte de esta vida de gracia, la Confesión frecuente debe ser primordial. El padre Ripperger dice que la Confesión es una de las cosas más efectivas para evitar o romper la influencia demoníaca.[24] Si un hombre está tratando de dominar un pecado mortal, debe ir a Confesión semanalmente. Si está tratando de evitar el pecado mortal, debería ir al menos una vez al mes.[25] El padre Amorth agrega que la Confesión, como Sacramento, es más eficaz que un exorcismo, que es solo un sacramental.[26] Además, como el padre Fortea afirma que el exorcismo solo expulsa a un demonio del cuerpo; la Confesión expulsa el mal del alma.[27] San Alfonso Ligorio dice, con respecto a la Confesión «en la casa que se limpia a menudo no impera la inmundicia».[28] La Confesión no solo purifica el alma a través de la remisión de los pecados, sino que también proporciona la ayuda para resistir las tentaciones en el futuro.

San Alfonso relata una historia sobre la eternidad del infierno en relación a la necesidad de la Confesión y la intención de reformar la vida. Él dice:

---

[21] Marcos 16, 17
[22] Amorth, 109
[23] Amorth, 87
[24] Ripperger #3
[25] Ripperger #4
[26] Amorth, 87
[27] Fortea, 70
[28] *Preparación para la muerte*

Refiéranse en los *Ejercicios Espirituales*, del Padre Séñeri, publicados por Muratori, que en Roma se interrogó a un demonio (que estaba en el cuerpo de un poseso), y le preguntaron cuánto tiempo debía estar en el infierno..., y respondió, dando señales de rabiosa desesperación: *¡Siempre, siempre!...* Fue tal el terror de los circunstantes, que muchos jóvenes del Seminario Romano, allí presentes, hicieron confesión general, y sinceramente mudaron de vida.[29]

El padre Ripperger recomienda prestar atención a los pecados que pueden estar motivando aquellos que confiesa, ya que los que no está confesando pueden ser más importantes que los que nota más fácilmente. También recomienda, repetir las enseñanzas del papa León X, de confesar los pecados de su pasado[30] para hacer reparación y mantenerse lejos de ellos en el futuro. Él dice que los exorcistas notan que confesar el defecto, incluso con ese pecado, lo calma para que no pueda actuar. También advirtió que muchos sacerdotes pueden oponerse a este deseo, pero realmente es algo bueno.[31]

Eucaristía

Además de ir a Misa los domingos y días de precepto, que son los días obligatorios bajo pena de pecado mortal, también deberíamos ir a Misa con la mayor frecuencia posible, ya que la Eucaristía realmente imparte fuerza espiritual. El Concilio de Trento se refiere a la Eucaristía como la medicina que nos libra de los pecados veniales y nos preserva de los pecados mortales.[32] El padre Fortea dice que nuestro cuerpo es como un hogar o tienda de campaña en el que nuestro Señor viene a vivir. Nada destruye la influencia demoníaca más poderosamente como la digna recepción del Cuerpo de Cristo.[33]

San Alfonso Ligorio nos proporciona varias imágenes de los grandes santos y doctores de la Iglesia que deberían despertar nuestro deseo

---

[29] Ibídem
[30] De los años pasados, por supuesto no creemos en la reencarnación.
[31] Ripperger #10
[32] *Preparación para la muerte*
[33] Fortea, 68

Protegiendo su vida espiritual

de recibir a nuestro Señor en la Sagrada Comunión tanto como sea posible. Él dice que cuando santa Rosa de Lima recibió a nuestro Señor en la Eucaristía, sintió como si estuviera recibiendo al sol, cuyo resplandor entonces se desbordaba en ella. San Juan Crisóstomo dijo que la Eucaristía es como un fuego abrasador que nos inflama. Como leones que respiran fuego, deberíamos sentir tales llamas de amor al retirarnos del altar, que el demonio no se atreviese a tentarnos. Este fuego, agrega san Alfonso, es una llama de amor que inflama el alma tan intensamente que al respirarla, el diablo ya no se atreverá a tentarnos.[34]

Finalmente, escuchemos la sabiduría de san Francisco de Sales en su consejo de por qué es importante para todos recibir la Sagrada Comunión con frecuencia:

> Si los mundanos te preguntan por qué comulgas con tanta frecuencia, diles que lo haces para aprender a amar a Dios, para purificarte de tus imperfecciones, para consolarte en tus aflicciones, para apoyarte en tus debilidades. Diles que son dos las clases de personas que han de comulgar con frecuencia: las perfectas, porque, estando bien dispuestas, faltarían, si no se acercasen al manantial y a la fuente de perfección, y las imperfectas, precisamente para que puedan aspirar a ella; las fuertes, para no enflaquecer, y las débiles, para robustecerse; las enfermas, para sanar, y las que gozan de salud, para no caer enfermas; y tú, como imperfecta, débil y enferma, tienes necesidad de unirte, con frecuencia, con tu perfección, con tu fuerza y con tu médico. Diles que los que no están muy atareados han de comulgar con frecuencia, porque tienen tiempo para ello, y que los que tienen mucho trabajo también, porque lo necesitan, pues los que trabajan mucho y andan cargados de penas, han de tomar manjares sólidos y frecuentes. Diles que recibes el Santísimo Sacramento para aprender a recibirlo bien, porque no se hace bien lo que no se hace con frecuencia. Filotea, comulga mucho, tanto cuanto puedas, con el parecer de tu padre espiritual; y, créeme, las liebres de nuestras montañas, en invierno, se vuelven blancas porque no ven ni comen más que nieve; y tú, a fuerza de adorar y comer la belleza, la

---

[34] *Preparación para la muerte*

bondad y la pureza misma, en este divino Sacramento, llegarás a ser toda hermosa, toda buena y toda pura.[35]

En un exorcismo, el sacerdote a veces dará la Eucaristía a los poseídos antes de comenzar el rito. El padre Thomas dice que cuando ha hecho esto, a veces ha visto intensas reacciones del demonio. Cuando presenta la Eucaristía a los poseídos, ha tenido personas queriéndose lanzar por la ventana, debido al poder de la Presencia Real.[36]

Además de la Confesión y la Eucaristía, debemos recibir todos los Sacramentos disponibles para nosotros y recibir a menudo los que pueden repetirse. También es importante recibir cualquier Sacramento que no haya sido recibido en el curso normal de su vida. En un exorcismo, por ejemplo, el padre Ripperger estaba ayudando a alguien que descubrió que nunca había recibido la Confirmación. La persona fue confirmada y hubo una reducción drástica en la fuerza del demonio en la posesión.[37]

Humildad

«Dios resiste a los soberbios y da su gracia a los humildes»[38]

Los demonios no pueden soportar la humildad.[39] Dios, por el contrario, favorece al humilde. Vemos ambas realidades en la vida de la Santísima Virgen María. El hombre humilde responderá a las incitaciones de Dios, lo que le permite a Dios detener los esfuerzos del demonio contra este hombre. Todos los grandes santos alaban la virtud de la humildad. Se dice que, a san Juan Vianney, un hombre conocido por su humildad, se le apareció el diablo y le dijo: «Si hubiera tres sacerdotes como tú, mi reino se arruinaría». Por el contrario, Dios no puede trabajar con el hombre soberbio que piensa que puede hacer lo que quiera y

---

[35] *Introducción a la vida devota*
[36] Padre Thomas #2
[37] Ripperger #7
[38] 1 Pedro 5, 5
[39] La humildad que fluye del conocimiento propio y la sumisión a la ley de Dios.

que no tiene en cuenta sus limitaciones y debilidades. El padre Ripperger dice que la soberbia bloquea la habilidad de Dios de trabajar a través de nosotros.[40]

Oración y meditación

El que tenga siempre ante la vista las verdades eternas –la muerte, el juicio, la eternidad– no caerá en pecado.[41]

Una vida regular de oración y meditación[42] es un requisito de justicia y un instrumento obligatorio para alcanzar la fortaleza y estabilidad necesarias para evitar y eliminar las influencias demoníacas.[43] Debemos adorar a Dios como lo requiere la ley divina. Esto no es una necesidad externa, sino que corresponde a nuestra naturaleza espiritual. Sin una conexión a nuestro Señor, moriremos espiritualmente. En este estado de muerte, somos presa fácil de los demonios.

Los demonios nos atacan a nivel intelectual, que es donde ocurre la oración.[44] El padre Fortea dice, dado que la oración hace que nuestro intelecto y voluntad se centren en Dios, impide que los demonios nos tienten. Él agrega que eventualmente un demonio no puede resistirlo y nos deja en paz.[45] La oración y la meditación nos fortalecen en esta guerra espiritual. A los demonios no les gusta lidiar con personas que rezan porque la oración hace que la persona sea más sensible y tenga más probabilidades de reconocer su comportamiento. El padre Ripperger dice que si se atreven a enfrentarse a ese tipo de personas, probablemente terminarán siendo golpeados y humillados. Agrega que Dios puede permitirlo, pero no saldrán victoriosos.[46]

Los demonios no toleran permanecer en una persona que reza. El efecto de la oración en la persona es convertirla en un lugar inadecuado para que el demonio habite. Cuando meditamos, Dios nos ilumina, nos

---

[40] Ripperger #1
[41] *Preparación para la muerte*
[42] También llamada oración mental, es simplemente definida por santa Teresa de Ávila como una amistad íntima, una frecuente relación sincera con Dios, que sabemos que nos ama.
[43] Ripperger #7
[44] La oración es elevar la mente y el corazón a Dios, como la fe, que es el sentimiento sobrenatural del intelecto.
[45] Fortea, 51
[46] Ripperger #7

habla y nos da a conocer lo que debemos evitar y lo que debemos hacer.[47] La oración calma las emociones y ordena las facultades del alma para que podamos notar y responder mejor a las inspiraciones de Dios. Las personas que practican la meditación diaria pueden discernir la sutileza de la gracia y, como el padre Ripperger dice, pueden discernir si algo llega a través de las emociones o de la gracia.[48] Con el tiempo se romperá cualquier control que el demonio pueda tener sobre la persona, como la obsesión diabólica. Es menos probable que los demonios ataquen a alguien que reza, pero, como el padre Ripperger dice, los demonios no pueden soportar ser derrotados, pero son compulsivos y quieren castigarnos, por lo que siguen intentándolo.[49]

Si hay una influencia diabólica en la vida de una persona, la oración la ilumina o expulsa al demonio completamente, dependiendo del nivel de actividad diabólica.[50] Estos demonios pueden haber estado escondidos en la persona durante algún tiempo, pero han pasado desapercibidos ya que no fueron amenazados por la gracia. Una vida de oración nueva o renovada en la persona, amenaza su morada y produce que se vayan o comiencen a manifestarse.[51] Es posible que la persona ocasionalmente haya notado una perturbación en el pasado. El padre Amorth dice que en los lugares sagrados, como los santuarios marianos, así como en los retiros, procesiones y capillas de Adoración Eucarística, puede ser donde la persona se de cuenta que está poseída. Si bien es perturbador en ese momento, como dice el padre Amorth, es verdaderamente un regalo de Dios, ya que solo al conocer la enfermedad, se le puede tratar.[52] Estos lugares sagrados también pueden traer muchas liberaciones de los espíritus malignos simplemente por estar presente en ese lugar consagrado. El padre Amorth contó una historia similar de san Juan Bosco que liberó a una niña de un demonio simplemente al entrar a la Iglesia vestido con ropa sagrada para ofrecer la Misa.[53]

---

[47] *Preparación para la muerte*
[48] Ripperger #9
[49] Ripperger #1
[50] Ripperger #7. Él dice que la oración puede terminar con la obsesión, pero solo trae la posesión a la superficie.
[51] Padre Thomas #2
[52] Amorth, 69
[53] Amorth, 22

Protegiendo su vida espiritual

Los santos y los exorcistas recomiendan ciertas oraciones antes que otras debido a la eficacia de la devoción. Primero y principalmente está el Rosario. Desde su comienzo, el Rosario ha sido efectivo para convertir a los herejes, alejar demonios, obtener milagros y aumentar la santidad de los que lo rezan devotamente. No solo es poderoso de estas maneras, es la mejor herramienta para meditar, y se debería rezar a diario. San Alfonso dice que quince minutos de oración al día son suficientes para cumplir con la obligación moral de rezar todos los días. Un conjunto de misterios del Rosario es una forma ideal para cumplir con esta obligación.

El padre Amorth recomienda el Rosario como una arma extremadamente poderosa contra el diablo, que beneficia al que sufre un mal espiritual. Él dice que el Rosario tiene un fuerte poder de protección y liberación del mal, un poder tan grande, como lo reveló la hermana Lucía al decir que no hay mal que no pueda ser derrotado mediante su recitación con fe.[54] El padre Ripperger nos recuerda que el Rosario fue una oración muy apreciada por el padre Pio. El padre Pio dijo que el Rosario es el arma contra el mal. Protegerá a la persona que lo reza fielmente y ayudará a expulsar al diablo.[55] El padre Fortea agrega que si una persona reza el Rosario todos los días y le pide a Dios que lo proteja de todas las trampas del maligno, no tiene nada que temer.[56]

Los santos han enfatizado en sus escritos cómo la Virgen María se les ha aparecido muchas veces para convencerlos del poder de un solo Avemaría. San Luis de Montfort, famoso por su profunda y perspicaz devoción a la Virgen María, manifiesta lo siguiente:

> El Avemaría bien dicho, esto es, con atención, devoción y modestia, es según los santos, el enemigo del demonio, y el que le pone en huida, y el martillo que le aplasta; es la santificación del alma, el gozo de los Ángeles, la melodía de los predestinados.[57]

---

[54] Amorth, 123
[55] Ripperger #7
[56] Fortea, 25
[57] *La verdadera devoción*, 253

MATANDO DRAGONES

San Luis de Montfort también recomienda rezar el Magníficat de la Virgen María.[58] Él relata los escritos de otro en el que se dice que muchos milagros han ocurrido mediante esta oración. Él dice: «los diablos tiemblan y huyen cuando oyen estas palabras, El hace proezas con su brazo, dispersa a los soberbios de corazón».[59]

Sacramentales

La Santa Madre Iglesia instituyó, además, los sacramentales. Estos son signos sagrados con los que, imitando de alguna manera a los sacramentos, se expresan efectos, sobre todo espirituales, obtenidos por la intercesión de la Iglesia. Por ellos, los hombres se disponen a recibir el efecto principal de los sacramentos y se santifican las diversas circunstancias de la vida.[60]

El uso de sacramentales en la batalla espiritual es altamente efectivo, ya que ejercen, cuando se usan, la bendición específica que la Santa Madre Iglesia les otorga. Los demonios perciben la presencia de esta bendición e interactúan con los sacramentales como un soldado contra el arma de un enemigo. El padre Thomas dice que subestimamos mucho el poder de nuestros Sacramentos y nuestros sacramentales. Agrega que estos pueden ser puntos desencadenantes y hacen que el demonio se sienta amenazado, actúe y se revele a sí mismo.[61]

Los sacramentales recomendados por los sacerdotes y exorcistas incluyen cosas como medallas, estatuas, escapularios, agua, aceite, sal y velas benditas, así como imágenes y reliquias sagradas.

Medallas

Aunque dentro de la Iglesia se usan muchas medallas, hay dos que son muy recomendables. La primera es la medalla de san Benito, que es particularmente eficaz. Es importante que esta medalla sea bendecida de acuerdo con el antiguo rito con todo el exorcismo propio de esta

---

[58] Lucas 1, 46-55
[59] *La verdadera devoción*, 255
[60] *Catecismo de la Iglesia Católica*, 1667
[61] Padre Thomas #2

Protegiendo su vida espiritual

medalla. Esta medalla se puede usar con el escapulario. El padre Ripperger recomienda tenerlos en la casa para agregar una protección adicional. La estrategia común es enterrarlos en las cuatro esquinas de su propiedad. Además, si hay problemas preocupantes, recomienda colocar una medalla sobre cada entrada a la casa. Por alguna razón, a pesar de que se las puede poner libremente donde quiera, los exorcistas notan que los demonios están obligados a observar las leyes físicas en cierta medida, por lo que colocarlas en las entradas es efectivo. Los demonios también pueden interferir con la tecnología, como han observado los exorcistas. Si su computadora, su automóvil o cualquier otra cosa está actuando de manera inexplicable, coloque allí una medalla de san Benito.[62]

El padre Amorth manifiesta que es importante invocar a san Benito, que es el santo patrón de los exorcistas y cuyas grandes habilidades contra los espíritus malignos fluyeron de su santidad y su fe.[63] El padre Weber señala que la mayoría de los exorcistas usan el crucifijo de san Benito para los exorcismos, este también fue recomendado en su entrenamiento. La medalla tiene una oración de exorcismo inscrita en ella, con iniciales y en latín.[64] La oración dice:

> La santa cruz sea mi luz.
> Que el dragón infernal no sea mi guía.
> ¡Apártate Satanás!
> No me aconsejes cosas vanas.
> Es malo lo que me ofreces.
> Traga tú mismo tu veneno.

Al bendecir las medallas, primero se les exorciza con las siguientes palabras, entre otras: «Que desaparezcan y se alejen de esta medalla toda la fuerza del adversario, todo el poder del diablo, todos los ataques e ilusiones de Satanás». Al suplicar la bendición de nuestro Señor, el sacerdote le pide a Dios no solo que aquellos que lleven esta medalla escapen, por su misericordiosa intercesión, de todos los ataques y artimañas del diablo, sino también que expulse los ataques y artimañas del

---

[62] Ripperger #4
[63] Amorth, 108
[64] Video del padre Weber

diablo de la persona que invoque con devoción su Santo Nombre, usando estas palabras y signos atribuidos a Dios y que le complazca guiarlos a la salvación eterna.[65]

La segunda medalla altamente recomendada por exorcistas como el padre Ripperger es la medalla Milagrosa. Esta medalla, fiel al origen de su popular nombre, es usada para lograr la conversión de una persona, a menudo de manera milagrosa. También es eficaz para vencer cosas funestas en una ubicación particular.[66] Finalmente, aunque no es una medalla, el Escapulario es un sacramental muy poderoso y altamente recomendado. La Virgen María promete muchos beneficios espirituales a aquellos que usan el escapulario de la manera que ella lo requiere.

Sal bendita o exorcizada

Parte de la bendición del agua, en la forma tradicional, incluye el exorcismo de la sal y la colocación de esta sal exorcizada en el agua. Esta sal también se puede usar sola, separada del agua bendita. Lleva consigo una bendición muy fuerte. Es importante bendecir la sal de acuerdo a la forma tradicional.[67] Esta sal exorcizada se puede rociar en un lugar de la misma manera que se rocía el agua bendita. El padre Amorth menciona que la sal bendita se coloca en las esquinas de las habitaciones donde se sospecha una infestación diabólica.[68]

La sal bendita también se puede usar en los alimentos, aunque se debe espolvorear sobre la comida *después* de que la comida se haya cocinado.[69] Los sacerdotes que son capellanes de las escuelas católicas a menudo bendicen toda la sal que haya en el edificio. El padre Ripperger narró una historia que cuando visitó cierto seminario, bendijo toda la sal en ese lugar. Al día siguiente, dos seminaristas por quienes estaban preocupados, decidieron irse. No estaba seguro de que hubiera una conexión directa, pero sucedió en ese orden.[70]

---

[65] *Ritual Romano*, Sanctamissa.org
[66] Ripperger #4
[67] La bendición moderna de la sal es muy reducida comparada con la forma tradicional.
[68] Amorth, 111
[69] Debe ponerse sobre la comida después de cocinar para evitar tirar la sal bendita a la basura.
[70] Ripperger #7

Protegiendo su vida espiritual

En el Ritual Romano, la sal se exorciza primero, durante la cual el sacerdote dice: «Te exorcizo, creatura de la sal, por Dios vivo, por Dios verdadero, por Dios santo, por Dios que ordenó, por medio del profeta Eliseo, que fueses puesta en el agua para sanar su esterilidad». La sal se convierte «como sal exorcizada en salud para los creyentes, para que sea salud del alma y cuerpo para todos aquellos que la consuman». La sal también está bendecida con poder contra el maligno. El exorcismo dice: «que huya y se aparte del lugar donde seas puesta, toda maldad, toda acción del demonio, todo espíritu inmundo, conjurado por este Señor que ha de venir a juzgar a los vivos y a los muertos y el siglo por medio del fuego». Después del exorcismo, la sal es bendecida con palabras similares, que incluyen: «Que todo aquello que sea tocado por esta sal carezca de toda inmundicia y de toda impregnación del espíritu del mal».[71]

Agua bendita

El agua bendita es un sacramental muy conocido y utilizado. Está en la entrada de todas las Iglesia, se rocía sobre las personas durante la Misa dominical de Pascua y se usa como medio para impartir bendiciones sobre varios objetos. También es importante en el rito del exorcismo y como arma en la batalla espiritual. Se recomienda usar agua bendita que haya sido bendecida en la forma tradicional, ya que la bendición moderna es muy reducida en comparación con la tradicional. Esto es importante porque esa bendición que se da al agua es precisamente la que permanece en el agua y luego es impartida en el lugar donde se rocía.

Como el padre Ripperger describe, el agua bendita, por medio del nuevo rito de bendición, tiene la capacidad de expulsar al demonio, incluso con una simple bendición, pero no en la misma medida. El antiguo rito de bendición crea agua bendita que es mucho más eficaz y los exorcistas lo han notado. Aún más eficaz es el agua de la Epifanía, que se bendice una vez al año durante la Epifanía la cual, después de una elaborada bendición que toma cuarenta minutos aproximadamente, tiene una doble bendición de exorcismo. El padre recomienda esparcir

---

[71] *Ritual Romano*, EWTN.com

agua bendita regularmente por toda la casa, especialmente si hay adolescentes en casa. Hacerlo semanal o mensualmente es suficiente.[72]

El agua bendita puede ser consumida por aquellos que tienen problemas como tentaciones particulares, obsesiones o posesiones y puede ayudar con enfermedades que parecen no tener una causa natural. Es importante que el agua bendita que se consume sea fresca. En una parroquia, el agua bendita que está disponible para los fieles generalmente dura un largo período de tiempo. Si desea adquirir agua bendita para consumirla, es mejor llevar botellas de agua fresca al sacerdote para que las bendiga. El agua bendita también es útil cuando la posesión está conectada a la ingestión de alimentos malditos. La persona puede convulsionar y escupir saliva espesa durante el exorcismo si este es el caso. El consumo de agua, sal y aceite benditos será útil para esta persona.[73]

Hay muchas maneras en que los fieles pueden utilizar agua bendita. Pueden esparcirla por todas partes en sus hogares y en sus posesiones, particularmente en cualquier cosa nueva que ingrese al hogar. Pueden rociarla dentro y sobre sus automóviles para renovar la bendición que el sacerdote, esperemos, haya dado. Los sacerdotes también recomiendan bendecirse con agua bendita antes de acostarse. Si ha tenido pesadillas, especialmente si parecen haber tenido un componente diabólico, se recomienda rociar agua bendita sobre su cabeza y sus sentidos antes de ir a dormir.[74]

Santa Teresa de Ávila utilizaba agua bendita con frecuencia en sus luchas contra el diablo. En su autobiografía, describe cómo, después de que algunas de sus monjas «echaron mucha agua bendita, vi ir mucha multitud de ellos, como quien se va desempeñando».[75] Ella también comparte un pasaje notable sobre su dependencia de este poderoso sacramental. Ella dice:

> De muchas veces tengo experiencia que no hay cosa con que huyan más para no tornar. De la cruz también huyen, mas vuelven. Debe ser grande la virtud del agua bendita. Para mí

---

[72] Ripperger #4
[73] Amorth, 67
[74] Además, hay una oración muy buena llamada *Comisión del cuidado de alma y cuerpo* en el libro del padre Ripperger: *Deliverance Prayers for Use by the Laity* (Oraciones de liberación para uso del laico), que pueden acompañar esta protección adicional.
[75] *Autobiografía de Teresa*

Protegiendo su vida espiritual

es particular y muy conocida consolación que siente mi alma cuando la tomo. Es cierto que lo muy ordinario es sentir una recreación que no sabría yo darla a entender, como un deleite interior que toda el alma me conforta. Esto no es antojo, ni cosa que me ha acaecido sola una vez, sino muy muchas, y mirado con gran advertencia. Digamos como si uno estuviese con mucha calor y sed y bebiese un jarro de agua fría, que parece todo él sintió el refrigerio. Considero yo qué gran cosa es todo lo que está ordenado por la Iglesia, y regálame mucho ver que tengan tanta fuerza aquellas palabras, que así la pongan en el agua, para que sea tan grande la diferencia que hace a lo que no es bendito.[76]

Como menciona santa Teresa, la bendición con agua bendita es muy poderosa. En el Ritual Romano, primero se exorciza el agua, luego se mezcla con una cantidad muy pequeña de sal bendita y entonces se bendice. El exorcismo incluye una petición para que «seas agua exorcizada para ahuyentar toda fuerza del enemigo y para que puedas erradicar y arrancar al mismo enemigo con sus ángeles apóstatas». Continúa, pidiéndole a Dios que el agua:

Sirva para alejar a los demonios, sanar las enfermedades; para que al ser derramada sobre las casas y los hogares de los fieles, éstos queden libres de toda inmundicia y de todo mal; que no resida allí un espíritu pestilente, se alejen todas las insidias del enemigo.

La parte final de la bendición incluye la petición para que nuestro Señor:

Mires con bondad estas criaturas de sal y agua y las santifiques con tu bondad, para que doquiera que sean regadas, por la invocación de tu santo Nombre desaparezca toda infestación del espíritu inmundo, sea alejado el terror de la serpiente infernal.

---

[76] Ibídem

MATANDO DRAGONES

Con el conocimiento de la bendición que tiene el agua bendita, sería aconsejable que los católicos tengan una botella de agua bendita en cada habitación de su casa. Esto no solo facilitaría la búsqueda del agua bendita si hubiera algún tipo de disturbio en el hogar, sino que también alentaría una devoción a este sacramental y un aumento en la virtud de humildad, ya que constantemente nos daríamos cuenta de nuestra dependencia de la bendición y protección de Dios.

Velas benditas

Las velas benditas, también conocidas como velas votivas, son velas que han sido bendecidas en la forma tradicional que incluye una oración de exorcismo. Estas velas, al ser quemadas, expulsan los demonios del aire y de la casa donde se colocan. Las velas benditas funcionan de la misma manera que el incienso bendito, cuyo humo también expulsa a los demonios del aire y de la vivienda. El padre Ripperger recomienda que todas las velas de casa sean bendecidas.[77] La bendición del Ritual Romano sobre las velas incluye la siguiente petición:

> Reciban esta bendición con el signo de la misma cruz, a fin de que adonde fueren encendidas o colocadas, se alejen trémulos los espíritus de las tinieblas, y, junto a sus secuaces, huyan pavorosos de esos lugares; que no osen nuevamente quitar la paz ni tentar a los que te sirven.

Los demonios pueden ocupar todos los aspectos del mundo natural: el aire, el agua, las áreas subterráneas, las viviendas, la atmósfera, etc. El padre Ripperger compartió una historia que demuestra cómo los demonios también pueden ocupar el aire en la atmósfera y pueden provocar tormentas violentas. En Tulsa, Oklahoma, un verano, una zona fue advertida que buscara refugio cuando hubo dos tornados cerca. En su lugar, el padre decidió hacer un exorcismo contra tormentas y tempestades. Entonces vio las noticias y escuchó que los presentadores

---

[77] Ripperger #4

Protegiendo su vida espiritual

estaban desconcertados porque los tornados simplemente desaparecieron del aire.[78] El padre Ripperger agregó que ha oído que esto le sucede a muchos sacerdotes.

Un amigo sacerdote me contó una historia relacionada con la trayectoria de un huracán que cambió repentinamente después de ofrecer oraciones similares. Inspirado por lo que personalmente aprendí mientras estudiaba las enseñanzas del padre Ripperger y hablando con amigos sacerdotes expertos en asuntos de combate espiritual, utilicé la oración de protección[79] contra un par de tormentas violentas y propensas a tornados que surgieron en mi sector hace varios veranos. En cada ocasión, mientras veía acercarse la tormenta en el radar de mi computadora, el área fuerte de tormentas se separaba repentinamente y pasaba alrededor de nuestra pequeña ciudad. Aunque en cada ocasión se pronosticó que tendríamos vientos muy fuertes, árboles caídos, granizo pequeño, posibles tornados y pérdida de electricidad, se redujo a una lluvia ligera y una pequeña brisa. Parece que por medio de esta oración de protección, en combinación con el entierro de las palmas benditas de san Pedro Verona,[80] este amparo sobre nuestra propiedad ha perdurado, ya que esta protección ha impactado toda actividad violenta de tormentas eléctricas desde entonces.

Imágenes sagradas

Las imágenes de nuestro Señor y la Virgen María y la de los santos transmiten poderosamente la realidad de la persona representada. Como resultado, el padre Ripperger dice que las imágenes sagradas en el hogar molestan a los demonios.[81] Él recomienda que las tengamos en nuestros hogares y las llevemos en nuestra persona, como podamos. El padre Amorth también recomienda mantener imágenes sagradas y estatuas con uno mismo y en el hogar, como recordatorio para pedir su

---

[78] Ripperger #7
[79] Oración indirecta de protección: «Jesús, te pido que ates…»
[80] Tradicionalmente bendecidas en el día que se lo conmemora con la intención de otorgar protección contra los desastres naturales, especialmente el clima y la infestación diabólica de los hogares.
[81] Ripperger #4

intercesión y protección y para imitar su santidad.[82] San Luis de Montfort recomienda llevar estatuas en procesiones o llevar una pequeña estatua de la Virgen María, como «una protección efectiva contra el maligno».[83]

En cuanto a las estatuas, estas también están recomendadas de la misma manera que las imágenes sagradas. Al hablar de estatuas, es apropiado advertir, lo que el padre Ripperger también menciona en sus charlas[84] sobre la práctica popular pero supersticiosa de enterrar a la estatua de san José para vender una casa. Contrariamente a la buena voluntad de las personas, esta costumbre es una superstición. Esto queda claro al examinar una forma de su práctica, que implica el uso de la estatua de manera que no es apropiada para su propósito y es un ritual. Esto incluye enterrar la estatua con los pies hacia arriba, cerca del letrero de venta, frente a la carretera, y utilizando oraciones que le dicen a san José que no será sacado de la tierra hasta que la casa se venda. En su lugar, debemos colocar la estatua en un lugar prominente en el hogar y pedirle su intercesión.

Una buena manera de utilizar imágenes sagradas es entronar su hogar al Sagrado Corazón de Jesús y al Inmaculado Corazón de María; y consagrar su familia a Jesús a través de María. El Ritual Romano contiene un rito de entronización y una bendición del Sagrado Corazón de Jesús. Durante la entronización, entre muchas otras peticiones, el sacerdote pide que nuestro Señor no permita que los espíritus malignos se acerquen a este lugar, sino que los lleve lejos. Que permita que sus ángeles de paz se hagan cargo y eliminen todas las luchas malvadas. Aunque la entronización misma no tiene una indulgencia, la Consagración a nuestro Señor sí la tiene, según el Manual de Indulgencias actual.

Las reliquias también son útiles y deben colocarse en toda la casa. Como es una costumbre católica poner atención especial a los santos en sus días festivos, también se recomienda venerar ese día la reliquia del santo que pueda poseer en su hogar. Las reliquias en general deben recibir una regular y debida atención. Además de obtener la ayuda especial de ese santo, las reliquias son muy poderosas contra la actividad diabólica, como se ve en los exorcismos. También son, como se puede

---

[82] Amorth, 90
[83] *La verdadera devoción*, 117
[84] Ripperger #4

ver en el ministerio de «Tesoros de la Iglesia», instrumentos muy poderosos a través de los cuales nuestro Señor elige otorgar sanaciones y otras bendiciones maravillosas.[85]

Aceite bendito

El aceite bendito también es un poderoso sacramental con una bendición tradicional que incluye un exorcismo. Este aceite exorcizado no es el aceite usado para los Sacramentos sino que es un sacramental aprobado por la Iglesia. Este aceite es aceite de oliva virgen extra y puede ser utilizado en alimentos y por los padres para bendecir a sus hijos.

El Ritual Romano contiene tanto un exorcismo como una bendición sobre el aceite. En el exorcismo, dice:

> Que se aleje de este aceite toda fuerza del adversario, toda acción diabólica y toda incursión de satanás, a fin de que dé a los que lo usen salud mental y corporal.

En la bendición, pide que quienes lo usen:

> Queden libres de toda enfermedad, de todo dolor y todas las insidias del enemigo, y asimismo se libren de toda adversidad y nunca sean heridos por la mordedura de la antigua serpiente, ya que los has redimido con la Sangre de tu Hijo.

El padre Ripperger ofrece varias formas para utilizar este sacramental. Se puede usar en la frente del niño cuando los padres le dan una bendición, lo que recomienda hacer regularmente. También se puede usar en los alimentos, de manera similar a la sal bendita, después de que se cocina la comida, como en las ensaladas. Sería un sacrilegio derramarlo y debe limpiarse después de su uso. Se puede colocar sobre cualquier cosa que esté siendo influenciada por lo demoníaco. El padre de familia debe hacer la señal de la cruz con el aceite, silenciosamente, en todas las entradas a la casa.[86] Esto es similar, aunque distinto a lo

---

[85] https://www.treasuresofthechurch.com/healing
[86] Ripperger #4

que el padre Thomas menciona que se hace en un exorcismo. El exorcista sella todas las puertas de la Iglesia con crisma para que el demonio no pueda salir una vez expulsado de la persona.[87]

Cofradía de la Milicia Angélica

Esta es una cofradía antigua, fundada oficialmente en 1727 por el papa Benito XII. Comenzó extraoficialmente después de la muerte de santo Tomás de Aquino, quien sirvió de inspiración. Es una cofradía dedicada a ayudar a sus miembros a alcanzar la castidad de acuerdo a su estado de vida. Numerosos santos han sido miembros de esta cofradía, incluidos san Luis Gonzaga y el beato Pedro Jorge Frassati.

En la vida de santo Tomás de Aquino, su temprana devoción a la vocación religiosa, así como su pureza y castidad fueron muy probadas o, quizás es más apropiado decir, atacadas por su familia que se opuso a su decisión. En un último y desesperado intento por disuadirlo de su vocación a la vida religiosa, lo encarcelaron y enviaron una prostituta a su habitación para que lo sedujera. De inmediato, él agarró un manojo de ramas de la chimenea que estaban en llamas y persiguió a la mujer forzándola a salir de su habitación. Después de cerrar la puerta, hizo una cruz en la puerta con las ramas humeantes. En ese momento, tuvo una visión: dos ángeles aparecieron y le ataron un cordón alrededor de la cintura y, al hacerlo le obtuvieron la gracia de la castidad perfecta.

Este evento fue conocido por la gente en su época y después de su muerte, el cordón se exhibió para venerarlo. La gente tocaba sus propios cordones a este cordón y los usaban alrededor de la cintura, imitando a santo Tomás y buscando su intercesión. La Iglesia más tarde instituyó esta cofradía y también permitió el uso de una medalla que fue impresa para honrar este evento y gracia angélica. La Cofradía de la Milicia Angélica está ahora a cargo de la Orden de los Domínicos. Cualquier sacerdote domínico o sacerdote que haya recibido permiso de ellos, puede inscribir a personas en la cofradía.

Ha habido muchos frutos buenos y gracias especiales concedidas a aquellos que se han inscrito y retomado esta devoción. Al igual que

---

[87] Leer la sección *Oraciones de protección* del Capítulo 7.

los otros sacramentales mencionados, la bendición del cordón y la medalla conllevan grandes protecciones de nuestro Señor. La bendición contiene palabras como:

> Por medio de este cordón sagrado de santo Tomás, concédenos a los que imploramos tu ayuda a través de su intercesión, que podamos vencer las tentaciones de cuerpo y alma, y lleguemos a ser coronados con pureza e integridad perpetua entre los coros de los ángeles.

Parte de la bendición del cordón y las medallas incluye:

> Que el que reverentemente lleve y use alrededor de su cintura (y lo aguante) sea purificado de toda impureza de mente y cuerpo.

Después de que el cordón y la medalla han sido presentados al individuo, el sacerdote dice, entre otras cosas:

> Que el Señor te ciña con el cordón de la pureza, y por los méritos de santo Tomás de Aquino, extinga dentro de ti todo mal deseo.

Si está interesado en inscribirse en la Cofradía de la Milicia Angélica, hable con su párroco o comuníquese con la Orden de los Domínicos para obtener más información.[88] La pureza y la castidad son virtudes que cada cristiano en todo estado de vida debe establecer para proteger la gracia de la salvación que nuestro Señor nos ha concedido. Para recordar este punto, las palabras de san Alfonso Ligorio son muy útiles para reflexionar. Él dice:

> Toda nuestra confianza, cuando el demonio nos tentare, la hemos de poner en la ayuda de Dios, encomendándonos a Jesús y a María Santísima. Y muy especialmente debemos hacer esto en las tentaciones contra la castidad, porque son las más

---

[88] AngelicWarfareConfraternity.org

temibles y las que ofrecen al demonio más frecuentes victorias. Por nosotros mismos no disponemos de fuerzas para conservar la castidad. Dios ha de dárnoslas.[89]

Él añade:

La ocasión, especialmente en materia de placeres sensuales, es como una venda puesta ante los ojos, que no permite ver ni propósitos, ni instrucciones, ni verdades eternas; que ciega, en fin, al hombre y le hace olvidarse de todo.[90]

Oraciones de protección

Como se mencionó en una sección anterior,[91] los cristianos tienen la autoridad de usar las llamadas *oraciones de protección*. Estas deben usarse solo dentro de la estructura de autoridad establecida por Dios. Es un exorcismo sobre uno mismo, similar a lo que hizo nuestro Señor con Pedro.[92] La oración de protección puede ser tan simple y directa como esta: «¡Quítate de mi vista, Satanás!» La forma más completa de esta oración es: «En el nombre de Jesús, te ato espíritu de N., y te arrojo al pie de la cruz para que seas juzgado por nuestro Señor».

El padre Ripperger ofrece muchos buenos consejos sobre el uso de las oraciones de protección. En esta oración, mencione el comportamiento con el que es tentado. Podría ser pereza, si se siente vago y desmotivado; o tristeza si es una emoción que le agobia. La oración de protección se puede utilizar en otras personas además de usted mismo. Dentro de un matrimonio, hay una estructura de autoridad y también un intercambio de derechos corporales con el cónyuge. Si uno de los cónyuges lo necesita, el otro puede rezar las oraciones de protección contra aquello con lo que el cónyuge está luchando. Los padres también pueden rezar estas oraciones sobre sus hijos. Hasta cierto punto, puede usar estas oraciones directas de protección sobre otras personas fuera

---

[89] *Preparación para la muerte*
[90] Ibídem
[91] Leer la sección *Oraciones de protección y autoridad* del Capítulo 7.
[92] Mateo 16, 23

Protegiendo su vida espiritual

de su familia, pero existe el riesgo de represalias.[93] Es mejor comenzar a usar estas oraciones dentro de su familia primero y cuando esté espiritualmente fuerte, determinar si las usará sobre los demás y cuándo.[94]

Al atar y sacar al demonio con esta oración, es importante enviarlos a la cruz para que sean juzgados y reciban la sentencia de Dios en lugar de que sigan vagando por la tierra.[95] San Alfonso comenta sobre este pasaje, agregando un énfasis útil sobre la malicia del demonio: «Cuando el demonio se ve arrojado de un alma, no halla descanso ni reposo, y emplea todas sus fuerzas en procurar dominarla de nuevo. Pide auxilio a otros espíritus del mal, y si consigue entrar otra vez en aquella alma, le producirá segunda ruina, más grave que la primera».[96]

Finalmente, se desconoce a dónde va el demonio después de la liberación. El padre Amorth dice que él envía al demonio, en el nombre de Jesús, a que regrese al eterno infierno o que vaya debajo de la cruz de Jesús, pero es solo nuestro Señor quien da la orden final y el destino.[97] El padre Thomas tiene un conocimiento fascinante acerca del comportamiento de los demonios en este punto y sobre qué hacer para asegurarse que el demonio no tenga la oportunidad de deambular, merodeando por más almas. Él dice:

> Los exorcismos ocurren solo en la Iglesia. El Santísimo Sacramento está expuesto en el altar junto con las reliquias de los santos. Sellan todas las puertas con crisma para que los demonios no puedan salir. Cuando son liberados, se les asigna al pie de la cruz para atarlos allí. De lo contrario, podrían irse y encontrar a alguien más a quien unirse.[98]

Ayuno

Nuestro Señor enseña que algunos demonios no pueden ser expulsados excepto con oración y ayuno.[99] San Francisco de Sales dice que

---

[93] Un sacerdote amigo que ayuda con exorcismos, me dijo que siempre rezan contra represalias después de concluir un exorcismo.
[94] Ripperger #4
[95] Lucas 11, 24
[96] *Preparación para la muerte*
[97] Amorth, 106
[98] Padre Thomas #2
[99] Marcos 9, 29

aparte de los efectos ordinarios del ayuno que son elevar el espíritu, refrenar la carne, practicar la virtud y alcanzar una mayor recompensa en el cielo; es un gran bien conservar el propio dominio sobre la glotonería, y mantener los apetitos sensuales y el cuerpo sujetos a la ley del espíritu. Él recomienda que si podemos ayunar, lo hagamos más allá de lo que la Iglesia recomienda. Además, dice que aunque no sean muchos los ayunos, no obstante el enemigo nos teme más cuando sabe que podemos ayunar.[100] Amorth agrega que, más allá de cierto límite, el diablo no puede resistir el poder de la oración y del ayuno.[101]

San Alfonso advierte en contra de abandonar el espíritu de ayuno. Afirma que a medida que el ayuno prepara la mente para contemplar a Dios y el bien eterno, la falta de moderación la desvía de los pensamientos santos. Añade que san Juan Crisóstomo enseñó que el glotón, como un barco sobrecargado, se mueve con dificultad, y en la primera tempestad de la tentación, corre el peligro de perderse.[102] La falta de templanza y control del apetito conlleva a la inclinación de complacer también los otros sentidos. Esto expone al alma a muchos peligros morales, el peor de los cuales es el asalto a la castidad. Los pecados de la carne, como dice san Alfonso, son tan poderosos que hacen que el alma casi olvide todo lo relacionado con Dios y se vuelva casi ciego.[103] Sin embargo, según la experiencia de los santos, el diablo no nos tienta hacia la lujuria una vez que la templanza lo frustra.[104]

Conocimiento de uno mismo

Esta sección cubrirá diferentes aspectos relacionados a la consciencia de uno mismo y no necesariamente en el sentido introspectivo. Deberíamos tener buen conocimiento de nuestra historia familiar y de dónde vivimos actualmente, por ejemplo.

Los exorcistas recomiendan que se informe sobre los inquilinos o propietarios anteriores de su casa o departamento. El padre Ripperger agrega que también deberíamos informarnos sobre nuestro vecindario.

---

[100] *Introducción a la vida devota*
[101] Amorth, 24
[102] *La verdadera esposa de Cristo*, 140
[103] *Preparación para la muerte*
[104] *La verdadera esposa de Cristo*, 141

Protegiendo su vida espiritual

Cuando ocurren pecados graves o prácticas ocultas, los demonios pueden involucrarse. Como agrega el padre, los demonios aman los lugares y se adhieren, como resultado del pecado y del mal.[105] El padre Thomas dice que él pregunta a la gente sobre los propietarios anteriores de la casa porque ha visto muchos casos en los que los expropietarios estuvieron involucrados en el satanismo y ocultismo. A menudo, dejarán indicios en el hogar que permanecerán después de que se hayan ido.[106]

Para explicar este punto, el padre Thomas cuenta una historia sobre una oportunidad en la cual el padre Grob fue llamado para ayudar con una situación en un edificio. Todos se estaban enfermando en un piso en particular y los propietarios de los apartamentos no podían entender por qué, incluso después de consultar con varios ingenieros que inspeccionaron el lugar. Después de encontrar un pentagrama tallado en la pared de una oficina de ese piso, llamaron al padre Grob. Él exorcizó todo el lugar y después de eso, no hubo más problemas.[107] Estos son ejemplos que explican por qué la Iglesia aconseja que, después de mudarse a una casa nueva o departamento, debemos pedir a un sacerdote que lo bendiga. Si se da cuenta de que alguna práctica oculta o satánica ha sucedido en la casa, llame a un sacerdote para que haga un exorcismo adicional.[108]

También es importante conocer su historia familiar, ya que podría ser una fuente de disturbios diabólicos. Si tiene familiares fallecidos que estaban metidos en el ocultismo o satanismo, el demonio podría haber entrado en la línea familiar como un espíritu generacional. Si un miembro de su familia estuvo involucrado en la masonería, los exorcistas lo toman muy en serio. Cualquier persona involucrada en la masonería se encuentra en estado de pecado mortal y, obviamente, los católicos tienen prohibido ser masones. En las últimas décadas se ha difundido la mentira que la Iglesia ha cambiado esta enseñanza. No es verdad. La Iglesia ha condenado la masonería desde el siglo XVIII y recientemente, en 1983[109] cuando repitió que a los católicos se les prohíbe asociarse con la masonería.

---

[105] Ripperger #4
[106] Padre Thomas #2
[107] Ibídem
[108] Ripperger #4
[109] *Declaración sobre asociaciones masónicas*, Congregación para la Doctrina de la Fe

MATANDO DRAGONES

Una de las innumerables y graves preocupaciones proviene del hecho de que, como parte de la membresía en los niveles más altos de los masones, el miembro invocará una maldición generacional a su línea familiar, de sí mismo en adelante. El padre Ripperger dice que incluso si tiene un miembro de su familia en los niveles bajos de los masones, aún debe hacer las oraciones para romper la maldición masónica. Todo lo que tiene que hacer es ingresar al nivel más bajo y la familia puede quedar sujeta a la maldición.[110] Esto no significa que lo tenga, pero de todos modos querrá hacer las oraciones para romper la maldición masónica.[111] El padre Thomas dice que, cuando él descubre que hay masonería en la familia de una persona, hace que esa persona rece toda la oración para romper la maldición masónica, solo como medida de precaución.[112]

El poder de la Virgen María

San Alfonso Ligorio, uno de los grandes doctores de la Iglesia, elocuentemente declara el poder y la autoridad que la Virgen María posee como resultado de la intimidad con su Hijo, nuestro Señor. Su victoria contra el diablo es una fuente de esperanza para nosotros, porque ella es nuestra Madre, a quien nuestro Señor le confió a cada uno de sus discípulos.[113] Abrazándola fielmente como nuestra Madre, podemos experimentar los frutos de su triunfo sobre el mal.

San Alfonso dice:

> María es, pues, esa mujer grandiosa y fuerte que ha vencido al demonio y le ha aplastado la cabeza abatiendo su soberbia, como lo dijo Dios: «Ella quebrantará tu cabeza» ... Han desbaratado a Lucifer y, con gran despecho suyo, ha quedado aplastado y abatido por esta Virgen bendita, como dice san Bernardo. Por lo cual, vencido en la batalla como esclavo, se ve forzado a obedecer las órdenes de esta reina. «Bajo los pies

---

[110] Ripperger #6
[111] Visitar http://www.sensustraditionis.org/Freemasonic.pdf
[112] Padre Thomas #3
[113] Juan 19, 27

Protegiendo su vida espiritual

de María, aplastado y triturado, sufre absoluta servidumbre».[114]

A través de sus virtudes, María obtuvo una victoria sobre todos los espíritus malignos. Como tal, san Alfonso la llama no solo la Reina del cielo, sino también la Reina del infierno, un título que también usó san Bernardino de Siena, entre otros.[115] Un reinado por exaltación y otro por conquista. San Alfonso agrega que María controla y aplasta a los demonios y arrebata las almas de sus garras, presentándolas a su Hijo.[116]

Una verdadera devoción a la Virgen María nos protegerá en esta guerra espiritual porque si la amamos, los demonios nos temerán aún más. Todos los demonios cayeron al oponerse a un aspecto del plan que Dios les reveló en el primer momento de su creación. Satanás cayó debido a la Virgen María, por oposición a su papel en el plan de salvación de la raza humana. Todos los demonios cayeron en unión con Satanás, independientemente de cuáles fueran sus pecados individuales, la odian porque su rol y santidad está a la raíz de su rebelión. Como el padre Thomas comenta, este odio hacia la Santísima Madre es tan intenso que sus oraciones a menudo son más poderosas que el mismo rito del exorcismo.[117]

San Luis de Montfort dice que en los exorcismos, los demonios se han visto obligados a admitir, en contra de su preferencia, que «tienen más miedo a un solo suspiro de María en favor de una persona, que a las oraciones de todos los santos, y a una sola amenaza suya contra ellos más que a todos los demás tormentos».[118] Una oración a la Virgen María, bajo el título de nuestra Señora del Perpetuo Socorro, transmite los sentimientos de esperanza que su poder comunica a las almas. Dentro de esa oración están las palabras: porque si me proteges, no temo a nada; no a mis pecados, porque me conseguirás el perdón de ellos; ni a los demonios porque eres más poderosa que todo el infierno junto.[119]

---

[114] *Las glorias de María*
[115] Ibídem
[116] Ibídem
[117] Padre Thomas #2
[118] *La verdadera devoción*, 52
[119] *Raccolta*

MATANDO DRAGONES

El padre Ripperger dice que la Virgen María tiene un perfecto poder coercitivo sobre los demonios. Como resultado, cuando ella es enviada a ayudar en un exorcismo, la posesión simplemente se termina.[120] Algunos santos son enviados por razones similares, para ayudar con los exorcismos, pero la Virgen María está en un nivel que ningún santo ha alcanzado o podría tratar de alcanzar.[121] El padre Ripperger recomienda especialmente invocar a la Virgen María bajo el título de la Virgen Dolorosa. Este título se relaciona con los sufrimientos que la Santísima Virgen soportó como Madre del Redentor, especialmente a partir de la Presentación de nuestro Señor en el Templo. En ese momento, Simeón le profetizó, diciendo:

¡Y a ti misma una espada te atravesará el alma! –a fin de que queden al descubierto las intenciones de muchos corazones.[122]

Como dice el padre Ripperger, los Padres de la Iglesia enseñan que, en ese momento, Simeón le contó a María todos los sufrimientos que Cristo padecería. Esta privilegiada intimidad también le hizo merecedora del conocimiento del plan de Dios, incluyendo cosas que están sucediendo en nuestra vida, como con los espíritus generacionales. El padre compara esto con la forma en que le decimos a otros, a quienes confiamos y amamos de una manera especial, cosas que no le diríamos a nadie más. Si estamos luchando con una obsesión, opresión o espíritu generacional, él recomienda que recemos todos los días a la Virgen Dolorosa. No le tomará mucho tiempo a ella arreglar el asunto.[123]

Santa Brígida de Suecia ha transmitido a la Iglesia la devoción a la Virgen Dolorosa. En ella, la Virgen María hizo muchas promesas a los fieles que meditan sobre los Siete Dolores de María. Ella dijo, entre otras cosas, que nos dará todo lo que pidamos siempre y cuando no se oponga a la adorable voluntad de su divino Hijo o la santificación de nuestras almas y que nos defenderá en nuestras batallas espirituales contra el enemigo infernal y nos protegerá en cada instante de nuestra vida. Según san Alfonso, nuestro Señor le dio a santa Isabel nuevas

---

[120] Leer la sección *La Virgen María, terror de los demonios* del Capítulo 5.
[121] Ripperger #7
[122] Lucas 2, 35
[123] Ripperger #9

revelaciones sobre los beneficios espirituales de esta devoción. De las cuatro gracias principales que nuestro Señor mencionó, destaca la promesa de poner a las almas devotas en las manos de María, para que disponga de ellas en la manera que quiera y les obtenga todas las gracias que desee.[124]

San Luis de Montfort dice que solo María sabe cómo llenar nuestra mente con pensamientos de Dios.[125] San Bernardo añade que cuando María le apoya, usted no fallará. Con ella como su protectora, no tendrá nada que temer. Con ella como su guía, no se cansará. Cuando gane su favor, llegará al cielo.[126] Según san Buenaventura, a los devotos de la Virgen María, ella les evita que se desvanezcan sus virtudes, desaprovechen sus méritos y pierdan sus gracias. Ella previene que los demonios les hagan daño.[127]

Santos patronos

La ayuda de los santos es vital en el camino a la salvación. Los santos patronos son aquellos en cuyo honor uno fue nombrado y aquellos por los que uno tiene una devoción especial. El padre Ripperger dice de manera interesante, que Dios a menudo le dará la gracia a una persona que está luchando con una obsesión o está poseída, de tener devoción al mismo santo que es el némesis (enemigo) del demonio que le está atacando. Como resultado, la persona ya está equipada para la batalla.[128] Él dice que los santos patronos también incluyen el santo cuyo nombre tiene la parroquia a donde asiste, el santo que tomó en el día de su Confirmación, el santo patrono de la Diócesis y el país donde vive, así como los santos patronos de los miembros de su familia.[129] Es beneficioso tener devoción a todos estos santos.

---

[124] *Las glorias de María*
[125] *La verdadera devoción*, 165
[126] Ibídem
[127] Ibídem
[128] Ripperger #7
[129] Ripperger #4

MATANDO DRAGONES

Ángeles de la guarda

Aterrado quedóse el criado de Eliseo cuando vio la ciudad cercada de enemigos. Pero el santo le animó, diciéndole: «No temas, porque muchos más son con nosotros que con ellos». (2 R. 6, 16), y le hizo ver un ejército de ángeles enviados por Dios para defenderle.[130]

Nuestros ángeles de la guarda nos son asignados por Dios mismo. Santo Tomás de Aquino dice que la custodia de los ángeles es un efecto de la divina providencia con respecto al hombre.[131] Como resultado, la misión que han aceptado es protegernos y la llevan a cabo en completa obediencia a Dios Todopoderoso, animados con gracia santificante y virtudes teológicas. Son protectores poderosos que ven a Dios cara a cara, dotados de incomprensible intelecto natural más poderoso que el nuestro, también están infundidos del conocimiento de Dios. No solo pueden comunicarse con nosotros, sino también constantemente interceden por nosotros ante Dios.

Santo Tomás también agrega que el ángel de la guarda nunca abandona a un hombre por completo, pero a veces lo deja en algún momento en particular, por ejemplo, al no evitar que esté sujeto a un problema o incluso a caer en pecado, según el orden de los juicios divinos.[132] El padre Ripperger dice que, al principio, a nuestros ángeles guardianes solo se les dio cierta autoridad sobre nosotros. Al rezarles, aumentamos esa autoridad, permitiéndoles actuar más poderosamente en nuestras vidas.[133] Al igual que la Virgen Dolorosa, los ángeles de la guarda conocen la batalla espiritual que está sucediendo a nuestro alrededor y en particular cuales demonios nos están atacando. Ellos pueden proporcionar ayuda esencial para evitar estas influencias diabólicas. Como el padre Amorth dice, invoque a su ángel guardián a menudo, él es quien nos protege del peligro y nos da las sugerencias adecuadas en los momentos correctos.[134]

---

[130] *Preparación para la muerte*
[131] *Suma Teológica* 1, C. 113, A 6
[132] Ibídem
[133] Ripperger #4
[134] Amorth, 19

Protegiendo su vida espiritual

El padre Ripperger dice que además de nuestro propio ángel de la guarda también deberíamos tener una devoción al ángel de la guarda de los miembros de nuestra familia, en particular al de nuestro cónyuge. Recibimos un ángel de la guarda en nuestra concepción,[135] pero, como dice el padre, se asigna un ángel guardián adicional para proteger nuestro matrimonio o vocación sacerdotal, según el camino que elijamos. Dios también asigna un ángel guardián sobre la parroquia, el pueblo, la región local y las corporaciones.[136]

Auxilium Christianorum

La asociación espiritual llamada *Auxilium Christianorum* está diseñada para brindar apoyo tanto a los sacerdotes como a los laicos en el trabajo de liberación espiritual. A los sacerdotes, les proporciona ayuda mediante las oraciones de los demás miembros de la asociación para que su trabajo sacerdotal expulsando demonios sea efectivo y que ellos permanezcan protegidos. A los laicos que se unen, les provee ayuda mediante las oraciones de la asociación para que estén protegidos de la influencia diabólica.

Los sacerdotes que comenzaron esta asociación lo hicieron después de darse cuenta de las dificultades que las personas buenas tenían para protegerse a sí mismas y a sus familias de la influencia del mal, tanto del mundo como del reino demoníaco. Notaron que tanto los laicos como los sacerdotes que trabajan en el ministerio de exorcismo y liberación necesitaban apoyo adicional. El padre Ripperger habla muy bien de este grupo y señala que ha visto enormes beneficios en las personas que se unen.

Se recomienda obtener la aprobación de su párroco o director espiritual antes de unirse debido a que a menudo, experimentará un aumento en su vida espiritual después de unirse. Esto no es algo negativo, porque como dicen en su sitio web, la asociación está ahí para proteger a los miembros quienes a menudo experimentan una disminución de la influencia demoníaca en sus vidas personales a lo largo del

---

[135] Santo Tomás sostuvo con cierto grado de probabilidad que un niño era protegido en el vientre por el ángel guardián de su madre. El debate entonces era si el niño recibía un ángel al nacer o en el Bautismo. Ahora se considera comúnmente que lo recibe al momento de la concepción.
[136] Ripperger #7

tiempo.¹³⁷ Ellos requieren que rece ciertas oraciones a diario y aumente ciertas devociones. Estos requisitos no son molestosos y los beneficios son muy útiles en esta época que algunos exorcistas llaman simplemente «satánica».¹³⁸

Busque *Auxilium Christianorum* en la internet y encontrará más información.

Esta asociación espiritual cumple, en espíritu si no en práctica, el consejo del *Ritual del exorcismo* como el padre Amorth lo discute. Él anima a todos los fieles a ayudar a aquellos que han experimentado una influencia diabólica y han sido liberados. También destaca donde el *Ritual* aconseja que los fieles, una vez liberados, ya sea solos o con miembros de la familia, den gracias a Dios por la paz que han obtenido. Que permanezca con ellos mientras perseveran en la oración, lean la Sagrada Escritura, reciban los Sacramentos de la Confesión y Eucaristía y practiquen una vida cristiana rica en caridad, buenas obras y amor fraterno.¹³⁹ Parece, entonces, que esta asociación espiritual es ideal para dichos individuos.

La naturaleza profética de las enseñanzas de san Luis de Montfort también parece conectarse con nuestro tiempo y con esta asociación. Para aquellos que no están familiarizados, las oraciones de *Auxilium Christianorum* son intensamente marianas y están centradas en la batalla espiritual. Con su énfasis adicional tanto en san Miguel Arcángel como en la Virgen María bajo el nombre de *Virgo Potens* (Virgen poderosa), el siguiente pasaje de los escritos de san Luis de Montfort parece ser muy apropiado incorporar aquí. En su obra clásica, *Verdadera Devoción a María*, él afirma:

> El poder de María sobre todos los demonios resplandecerá, sin embargo, de modo particular en los últimos tiempos, cuando Satanás pondrá asechanzas a su calcañar, o sea, a sus humildes servidores y pobres hijos que Ella suscitará para hacerle la guerra. Serán pequeños y pobres a juicio del mundo; humillados delante de todos; rebajados y oprimidos como el calcañar respecto de los demás miembros del cuerpo. Pero, en cambio,

---

[137] http://auxiliumchristianorum.org/faq/
[138] Carlin, 3
[139] Amorth, 83

Protegiendo su vida espiritual

serán ricos en gracias y carismas, que María les distribuirá con abundancia; grandes y elevados en santidad delante de Dios; superiores a cualquier otra creatura por su celo ardoroso; y tan fuertemente apoyados en el socorro divino, que, con la humildad de su calcañar y unidos a María, aplastarán la cabeza del demonio y harán triunfar a Jesucristo.[140]

Para concluir este capítulo sobre la protección de su vida espiritual, recordemos la advertencia del arcángel san Rafael en el Libro de Tobías, donde describe la bondad de dar gracias a Dios, hacer el bien, ayunar y dar limosna; de realizar obras de caridad y de la recompensa por la oración y las obras corporales de misericordia:

> Entonces Rafael llevó a los dos y les dijo: «Bendecid a Dios y proclamad ante todos los vivientes los bienes que os ha concedido, para bendecir y cantar su Nombre. Manifestad a todos los hombres las acciones de Dios, dignas de honra, y no seáis remisos en confesarle. Bueno es mantener oculto el secreto del rey y también es bueno proclamar y publicar las obras gloriosas de Dios. Practicad el bien y no tropezaréis con el mal. Buena es la oración con ayuno; y mejor es la limosna con justicia que la riqueza con iniquidad. Mejor es hacer limosna que atesorar oro. La limosna libra de la muerte y purifica de todo pecado. Los limosneros tendrán larga vida. Los pecadores e inicuos son enemigos de su propia vida... Cuando tú y Sarra hacíais oración, era yo el que presentaba y leía ante la Gloria del Señor el memorial de vuestras peticiones. Y lo mismo hacía cuando enterrabas a los muertos. Cuando te levantabas de la mesa sin tardanza, dejando la comida, para esconder un cadáver, era yo enviado para someterte a prueba. También ahora me ha enviado Dios...[141]

---

[140] *La verdadera devoción*, 54
[141] Tobías 12, 6-10 & 12-14

Compendio X

- Los cristianos nacen para el combate y con las gracias que nuestro Señor nos otorga a través de su Iglesia tenemos todas las armas que necesitamos para la batalla.
- Permitir que nuestro Señor nos sane y permanecer obedientes a él en todo momento nos dará la fuerza que necesitamos.
- Cuanto más devotos y santos somos, más nos teme el diablo y es impotente contra nosotros.
- El principal medio de protección es permanecer en estado de gracia con una fe profunda, nutrida y apoyada con la frecuente recepción de la Sagrada Comunión y la Confesión.
- Un enfoque espiritual diario debe incluir un énfasis en la virtud de la humildad y la necesidad de oración y meditación.
- Los católicos deben cultivar el uso devoto y frecuente de los sacramentales aprobados por la Iglesia como las medallas, estatuas y escapularios, el agua, aceite, sal y velas benditas, así como las imágenes y reliquias sagradas.
- El ayuno aumentará cuán repugnantes somos para los demonios y los ahuyentará, con la ayuda del uso prudente y frecuente de oraciones de protección.
- Es importante conocer la historia de su familia, su vecindario, su hogar y las áreas que frecuenta para asegurarse de que no se abran puertas diabólicas por esos medios.
- La devoción a la Virgen María es uno de los medios más poderosos para obtener abundantes gracias de nuestro Señor y protección contra las obras del maligno.
- Además de la Virgen María y los santos, los católicos deben cultivar una devoción y amistad con sus ángeles guardianes, que son mucho más poderosos de lo que la mayoría de la gente cree.

Capítulo 11

Asociándose con el maligno

Hay muchas personas en el mundo de hoy que voluntariamente se exponen al diablo. Algunos lo hacen de manera burlona y no toman en serio al diablo, mientras que otros están verdaderamente abiertos o desean recibir una respuesta del reino diabólico. La curiosidad juvenil a menudo está llena de elementos diabólicos. Muchas celebridades han aceptado abiertamente la ayuda de satanás y los espíritus para alcanzar y asegurar la fama en su trabajo. Los grupos satanistas ahora profesan abiertamente sus creencias y realizan rituales públicos demostrando su odio a la Fe Católica.

Los exorcistas están notando un aumento en la opresión y obsesión diabólica relacionadas al pecado, la brujería, el satanismo y el ocultismo. Como se mencionó antes, los exorcistas tienden a pensar que esto también se debe al tremendo aumento del uso de la pornografía y otras cosas graves de ese tipo. El uso de la pornografía, como el padre Ripperger lo describe, está «fuera de lo normal». Relata que los exorcistas han aprendido que los satanistas han enseñado a los pornógrafos que si maldicen la copia maestra del video pornográfico, quienes lo vean pueden estar sujetos a la misma maldición. El padre contó la historia de un hombre que llegó a ser poseído por el uso de pornografía. El demonio que poseyó al hombre confirmó este detalle.[1] A la posesión del hombre le siguió una obsesión por encontrar todas las películas con una mujer específica.

La pornografía puede crear una obsesión diabólica muy fuerte y puede ser una puerta de entrada a la posesión.[2] El padre Thomas está

---

[1] Ripperger #2
[2] Ibídem

de acuerdo en que la pornografía «puede abrir portales a lo demoníaco».[3] La pornografía y su posible conexión con la posesión es una cuestión de preocupación universal de la Iglesia. En 2018, por ejemplo, en el curso anual de exorcismo en la Universidad Pontificia *Regina Apostolorum* se discutió hasta qué punto existe la influencia demoníaca debido al uso de la pornografía.[4]

Crecimiento del ocultismo

Como atestiguan los exorcistas en todo el mundo, la curiosidad y el recurso al ocultismo están en aumento. El padre Thomas afirma que en el 2005 el 25 por ciento de personas en Italia estaban involucradas en el ocultismo. Dijo que esas mismas tendencias también aparecen en los Estados Unidos de América.[5] Esta estadística italiana se mantuvo en el 2018 y es más, sigue experimentando un aumento en el ocultismo, como recurrir a personas que leen las cartas del tarot, adivinos y astrólogos.[6]

El portavoz de la Asociación Internacional de Exorcistas, el Dr. Cascioli, en el 2012, describió el aumento de la actividad diabólica como una «emergencia pastoral», añadiendo que «el número de disturbios de actividad demoníaca extraordinaria está en aumento».[7] Reiteró esta misma preocupación en el 2016.[8] Las diferentes formas de paganismo, brujería, idolatría y ocultismo son pecados de entrada a todo nivel de influencia diabólica, incluyendo la posesión. Al hablar sobre los diferentes puntos de entrada de los demonios, el padre Fortea dice que como podemos ver, tenemos muchas posibilidades. Es un mundo muy misterioso. Cuando entrevistan a los exorcistas, ellos tienen una respuesta muy simple: evitar el ocultismo –y eso es verdad.[9]

---

[3] https://www.catholic.com/magazine/print-edition/interview-with-an-exorcist
[4] https://www.catholicnewsagency.com/news/exorcism-course-to-study-link-between-porn-and-demonic-influence-30162
[5] Padre Thomas #2
[6] https://catholicherald.co.uk/news/2018/03/06/demonic-activity-is-on-the-rise-in-italy-says-exorcist/
[7] https://www.catholicnewsagency.com/news/exorcisms-on-the-rise-occult-activity-sparks-pastoral-emergency-18264
[8] https://www.telegraph.co.uk/news/2016/09/26/urgent-need-for-more-exorcists-as-increasing-number-of-people-da/
[9] http://www.ncregister.com/daily-news/halloween-the-catholic-faith-and-the-occult

Asociándose con el maligno

Según las encuestas de religión del 2008 y 2018,[10] el número de brujas en los Estados Unidos de América está aumentando significativamente. En 1990, había 8 400 *wiccanos*, que crecieron a 340 000 en el 2008. En el 2018, había entre 1 y 1,5 millones. Este número no incluye todas las formas de brujería, ya que no todas las brujas se identifican como *wiccas*, aunque este es un subconjunto significativo de ellas. Para demostrar la importancia de este número de *wiccanos*, se puede decir que en el 2017 había 1,4 millones de presbiterianos. El número de satanistas en los Estados Unidos de América es desconocido, debido en parte al secreto con el que operan.

Cuando una persona consulta por primera vez a un exorcista, después de determinar si existe un verdadero problema espiritual, el exorcista comienza a investigar la vida de dicha persona, buscando los posibles portales de entrada de los demonios. Muchas de las personas con trastornos diabólicos se han expuesto al ocultismo o a una conexión con los cultos satánicos, o han incursionado en algo de la Nueva Era.[11] Esta curiosidad es extremadamente peligrosa. Como el padre Amorth dice, la curiosidad lleva a los jóvenes a los innumerables tentáculos del ocultismo y finalmente a la puerta del exorcista.[12] Cuando los jóvenes se interesan en los tableros o hechizos de güija, esos espíritus pueden realmente venir hacia uno y quedarse cerca. Si bien es raro que la posesión ocurra de inmediato, el padre Fortea dice que la persona probablemente experimentará una presencia en ese momento con la gente alrededor de la mesa y a veces esa presencia está alrededor de una de las personas del grupo durante una o dos semanas, pero no más. Afortunadamente, porque Dios nos protege, ser poseído no es tan fácil.[13]

El crecimiento del ocultismo también incluye la aceptación popular de la brujería, los hechizos y lo demoníaco en la sociedad. Los medios populares, como la música, televisión y literatura, están incluyendo representaciones más positivas de estas categorías ocultas. Esto está sucediendo en todo el mundo. El padre Amorth advierte que no

---

[10] Estudio por *Quartz* recogiendo información de *Trinity College* de Connecticut y *Pew Research Center*, en 2018. https://www.lifesitenews.com/news/report-witchcraft-rising-in-us-as-christianity-declines
[11] Padre Thomas #2
[12] Amorth, 81
[13] http://www.ncregister.com/daily-news/halloween-the-catholic-faith-and-the-occult

debemos participar en estas cosas y en particular aconseja a los jóvenes que eviten las películas de terror. Estas películas tienden a normalizar las situaciones brutales, sobre todo donde el demonio es el protagonista y pueden perturbar seriamente las mentes frágiles y provocar a otros la imitación sádica. Aunque ver estas películas no causa directamente males espirituales, pueden hacerlo indirectamente atrayendo a la persona que los mira hacia el ocultismo.[14]

En el libro *An Exorcist Tells His Story* (Un exorcista cuenta su historia), el padre Amorth, al comentar sobre la presencia de brujería, espiritismo y ocultismo en la televisión, música, libros y periódicos, dice que cuando le invitaron a hablar en algunas escuelas secundarias, pudo verificar personalmente la gran influencia de estas herramientas de satanás en los jóvenes. Es increíble cuán extendidos están la brujería y el espiritismo en todas sus formas en la escuela intermedia y secundaria. Este mal está en todas partes, incluso en pueblos pequeños.[15]

Aunque la posesión no es común en primera instancia al incursionar en el ocultismo, las influencias diabólicas graves son más comunes cuando la persona también sufre de inestabilidad emocional o mental. Los exorcistas mencionan constantemente, por ejemplo, que las víctimas de abuso son más susceptibles a la influencia diabólica si se acercan al ocultismo. El padre Fortea dice claramente que nunca se invoca a un demonio en vano. Comenta que si una persona tiene una herida abierta, el demonio se apoderará fuertemente de esta. Incluso si la persona no es especialmente vulnerable a lo demoníaco, la invocación de un demonio, a través de un hechizo o una maldición, siempre causará daño, tanto al que realiza y solicita el hechizo como al que es el objetivo del hechizo, solo si Dios lo permite.[16]

El satanismo muy cómodo en público

El mundo de la fama y las drogas en parte apoya la voluntad mundana de abrazar lo demoníaco. Estos dos poderosos escapes de la realidad van acompañados de testimonios sobre la relación de las personas con lo diabólico. El padre John Corapi, un famoso sacerdote que

---

[14] Amorth, 56
[15] Amorth, *Exorcista narra*, 53-54
[16] Fortea, 111

Asociándose con el maligno

tuvo una historia de conversión increíble, reveló muchas cosas malas que presenció durante su juventud cuando andaba tras la fama y drogas. Él fue testigo de brujas que maldecían cargamentos de drogas que llegaban en buques desde Sudamérica y bandas de rock que dedicaban sus álbumes a satanás en estudios de grabación. Bob Dylan afirmó sospechosamente durante una entrevista que todavía actuaba a su avanzada edad porque mantenía su parte del trato que hizo «con el comandante general... en esta tierra en el mundo que no podemos ver».[17] Beyonce admite fácilmente en entrevistas que un espíritu le anima cuando ella actúa permitiéndole hacer cosas que su personalidad natural no le permite hacer.[18] Estas son solo algunas de las muchas historias públicas de celebridades que voluntariamente se involucran en el espiritismo, la brujería y el satanismo.

Los satanistas también han comenzado a meterse abiertamente en el espacio público que todos disfrutamos, exigiendo dirigir la oración en las reuniones de consejos municipales, estableciendo monumentos en propiedad pública y celebrando rituales sacrílegos en las calles de la ciudad. En el 2016, el Consejo Municipal de Pensacola permitió que el Templo Satánico del Oeste de Florida dirigiera la oración de invocación al comienzo de su reunión. En el mismo año, en Arizona el Templo Satánico de Tucson fue autorizado para dirigir la oración de invocación en la siguiente reunión del Consejo Municipal de Phoenix. El Consejo Municipal votó entonces, primero, para detener la práctica de la oración de apertura y reemplazarla con un momento de silencio, votando nuevamente más tarde para permitir la oración, pero esta vez solo por un capellán de los departamentos de policía y bomberos de la ciudad.

Aunque todavía son pocos, Steve Hill, un ateo y organizador del templo satánico, se postuló para un puesto en el Senado del estado de California en el 2016. Recibió el 12 por ciento de los votos entre cuatro candidatos republicanos y demócratas en su distrito.

Los grupos satánicos han tratado de recibir reconocimiento oficial de su presencia tanto a través del derecho antes mencionado, de dirigir

---

[17] Véalo en *YouTube* con una simple búsqueda.
[18] En una entrevista BET, ella habla de «Sasha», una «álter ego» que le permite actuar de forma que no puede hacerlo sola; se refirió a ella como «entrando en mí» antes de una actuación.

la oración en reuniones del concejo municipal, como a través del derecho de colocar sus monumentos en propiedad pública junto a otros monumentos religiosos.

En el verano del 2015, el Templo Satánico en Oklahoma casi tuvo éxito en conseguir que se permitiera colocar una estatua propuesta de Bafomet fuera del Capitolio estatal, junto al monumento de los Diez Mandamientos que había estado ahí desde el 2012. El monumento de los Diez Mandamientos fue destruido, pero luego reconstruido. La Corte Suprema de Oklahoma dictaminó que el nuevo monumento de los Diez Mandamientos debía ser removido, lo que llevó al Templo Satánico a abandonar su solicitud y centrarse en Arkansas, que tenía un monumento similar de los Diez Mandamientos en el Capitolio estatal. Frente a una entusiasta multitud, en el verano del 2018, el Templo Satánico reveló una estatua de bronce de Bafomet de 8 pies de altura en la parte trasera de un camión en el Capitolio de Arkansas. Al escribir estas líneas, no se les ha permitido colocar esta estatua en el área del edificio del Capitolio.

Esa misma estatua fue descubierta en privado entre los satanistas en un almacén en Detroit en el 2015. Como informó *Church Militant* (Iglesia Militante), que filmó en el lugar, este evento incluyó actos explícitos de libertinaje, perversión y homosexualidad. Para no mencionar más imágenes visuales relacionadas con este evento, lea el artículo y mire el video en *Church Militant*, si está interesado.[19]

En el 2018, se le permitió al Templo Satánico de Chicago colocar un monumento llamado *Snaketivity,* en la rotonda del Capitolio de Illinois, justo al lado de un pesebre, un árbol de Navidad y una menorá. El monumento satánico es una caja negra, con el logotipo satánico, un brazo que sostiene una manzana que se extiende sobre éste y una serpiente que se envuelve alrededor del brazo. Un resplandor rojo en la base del brazo arroja una luz sobre la figura.

En diciembre del 2015, a los satanistas se les dio un permiso legal para celebrar un ritual satánico de profanación contra una estatua de la Virgen María en la Noche Buena frente a la antigua Catedral de San José en la Ciudad de Oklahoma. Este evento fue precedido por una protesta de reparación por fieles católicos de la zona. A pesar de los llamados para revocar el permiso, los satanistas fueron autorizados y

---

[19] https://www.churchmilitant.com/news/article/exclusive-reportthe-devil-in-detroit

Asociándose con el maligno

llevaron a cabo el evento sacrílego. Además, han surgido «misas negras» satánicas en California, Oklahoma e incluso en Harvard. Algunos de estos eventos fueron impedidos, otros no. Uno de los eventos en Oklahoma, en el 2014, involucró por primera vez una demanda de la Arquidiócesis de la Ciudad de Oklahoma que buscaba asegurar la devolución de una Hostia consagrada robada, que los satanistas tenían la intención de profanar en la ceremonia. La demanda fue exitosa, y la Hostia fue devuelta, pero la «misa negra» igual tuvo lugar.

Una nota final en esta sección es el crecimiento de programas extracurriculares que fomentan el satanismo. El grupo con el nombre de «Satanás después de la escuela» ha tenido éxito en establecerse en las escuelas primarias desde el 2016. El grupo asegura haber establecido sus clubes extracurriculares en las escuelas primarias de Atlanta, Los Ángeles, Pensacola, Portland, Salt Lake City, Seattle, Springfield, Tucson y Washington, DC. Afirman estar dedicados al racionalismo científico y solo ven a satanás como una metáfora del eterno rebelde. Intencionalmente cometen blasfemias como una forma de expresar su rechazo a adecuarse a las normas tradicionales de comportamiento, según lo que dicen.

Puede ser fácil para algunos pasar por alto este tipo de blasfemia simplemente como una forma de chocar destinada a llamar la atención. Sin embargo, como nos dice san Alfonso, la blasfemia nos ata directamente a la obra del demonio. Sus palabras son importantes para reflexionar. San Alfonso afirma que la blasfemia procede de una mala voluntad y un cierto odio a Dios. Por lo tanto, el blasfemo representa al condenado.[20] El uso de blasfemia por parte de los satanistas tiene sentido, ya que ellos disfrutan de elevar a Satanás como un modelo a seguir. Reflexionando sobre el hecho de que los cristianos reciben sal bendita en su lengua en el rito tradicional del Bautismo, san Alfonso dice, citando primero a un escritor, que las lenguas de los cristianos son entonces hechas, por así decirlo, sagradas, y pueden estar acostumbradas a bendecir a Dios. Y el blasfemo luego hace de esta lengua, como dice santa Bernardina, una espada para perforar el corazón de Dios. Por lo tanto, la santa agrega que ningún pecado contiene en sí mismo tanta malicia como el pecado de la blasfemia. La blasfemia es tan miserable que san Alfonso le llama el lenguaje del infierno. Así podemos decir,

---

[20] *Sermones*

continúa él, a todo blasfemo: eres del infierno; eres un verdadero discípulo de Lucifer; porque hablas el idioma de los condenados.[21]

Curiosidad pecaminosa

A medida que aumentan las prácticas de la Nueva Era, también aumenta el deseo de autonomía espiritual, por así decirlo, lo que hace que las personas piensen que sus propias ideas e intereses acerca del ámbito espiritual son válidas y beneficiosas. Esto puede conducir a una curiosidad ingenua y peligrosa sobre las cosas que expone a la gente a un vago reino espiritual, fuera de la protección de la Iglesia.

Una práctica popular ha sido buscar un «guía de espíritu» para uno mismo. Estos guías de espíritu no se definen como que tienen atributos específicos y a veces pueden presentarse como personas que alguna vez vivieron en la tierra pero que ahora están muertas. La idea es atractiva para las personas y muchos las buscan. Esto a menudo está vinculado a recurrir a médiums y adivinos que a menudo confían en algún tipo de guía de espíritu.

Como el padre Ripperger describe, cuando las personas se exponen a un guía de espíritu, solo los demonios responderán, no los ángeles, ni los santos, ni las almas de los fieles difuntos. Cuando esto comience, todo parecerá bien al principio, hasta que la persona haya tenido suficiente conversación y le diga «no» al demonio. En ese punto, la actitud del espíritu cambia por completo.[22] El demonio había obtenido permiso para estar allí después de que la persona lo dejó entrar y quiere quedarse.

La curiosidad pecaminosa se extiende a visitar casas embrujadas y ver programas y películas sobre lo paranormal. La gente quiere ver fantasmas que, según se ha informado, habitan en lugares, pero esto es un gran portal para lo diabólico. Es una curiosidad no solo ver estas cosas sino también desear saber sobre cosas que no es necesario que sepamos. Esta es una curiosidad peligrosa.

Las prácticas populares como el juego «Charlie, Charlie» deben evitarse por completo y los padres deben enseñar a sus hijos que no participen en tales «juegos». Esto, al igual que el tablero de la güija, es

---

[21] Ibídem
[22] Ripperger #1

una forma de canalización diabólica y las personas sí pueden llegar a ser poseídas por estas prácticas. También debemos mantenernos alejados de las personas y los lugares donde ocurren estas cosas. Los demonios no son contagiosos, pero si vamos a un lugar donde se les ha dado el derecho a vivir, podrían comenzar a interesarse en nosotros. Sin embargo, como el padre Ripperger dice, si está en estado de pecado mortal o tiene una vida espiritual que no está en orden y entra en una casa infestada, puede ser poseído.[23]

Buscando dones espirituales extraordinarios

Similar a la curiosidad pecaminosa es el deseo de recibir dones espirituales extraordinarios, como la capacidad de sanar, hablar en lenguas y tener visiones. Los dones extraordinarios que Dios da son gratuitos y no pueden ser merecidos. Son simples regalos. Es importante que aceptemos humildemente los dones que Dios nos da, sin buscarlos con soberbia. El padre Ripperger dice que el peor caso de posesión con el que ha trabajado involucró a una mujer que rezó por el don de lenguas y, con un resultado inesperado, lo recibió: posesión. Esta mujer llegó a ser poseída porque se acercó al don de lenguas con una mentalidad supersticiosa y su «oración» fue en realidad una forma de «canalización». Aquí es donde usted se «expone» y «deja que los espíritus hablen a través de usted». Es una forma peligrosa y orgullosa de desear poder espiritual.[24]

El padre Ripperger también advierte sobre algunas prácticas en el Movimiento de Renovación Carismática. Si bien algunas personas en este movimiento son muy serias, ciertas prácticas son muy problemáticas. El concepto de estar «llenos del espíritu»,[25] dice, no es un auténtico regalo carismático. La práctica de hacer que los laicos pongan las manos sobre una persona, en la forma que lo hace un sacerdote, es una práctica supersticiosa y puede llevar a la obsesión y opresión diabólicas. El padre Ripperger agrega que está bien que los laicos recen con

---

[23] Ripperger #7
[24] Ripperger #6
[25] Cuando una persona, después de recibir una bendición de un sacerdote o tal vez una experiencia espiritual, cae al piso como inconsciente, supuestamente debido a una efusión de gracia.

usted pidiendo la liberación, siempre y cuando no hagan cosas que son propias de un sacerdote.²⁶

Paganismo de influencia oriental

Entre las muchas formas modernas de espiritualismo se encuentran las que tienen su origen en el Oriente. Entre estas, las dos prácticas más populares son Reiki y Yoga, que reciben una amplia condena de los exorcistas.

Reiki es una práctica ocultista popular que se remonta a una técnica budista de canalizar energía buena. Pese a la parte «buena», como el padre Ripperger señala, el Reiki está vinculado al culto de Osiris, un demonio brutal y uno de los más crueles. Su pecado se dio al rehusarse a aceptar la misericordia que Cristo quería dar a los hombres. Él añade que la práctica de Reiki puede conducir a la posesión.²⁷ En el 2018, el obispo Alfonso Cullinan, de las Diócesis de Waterford y Lismore en Irlanda, advirtió sobre los peligros del Reiki y, al mismo tiempo, anunció que estaba tomando nuevas iniciativas con respecto al ministerio de liberación en su Diócesis. En el informe, dice que el hermano de un maestro de Reiki le dijo que estaba trabajando con una persona y tuvo una visión de satanás. El maestro de Reiki estaba tan asustado que dejó el Reiki y volvió a la Iglesia.²⁸ La USCCB emitió una condena de Reiki, diciendo que quienes lo practican están operando en el ámbito de la superstición.²⁹ Como pecado contra el primer mandamiento, es un portal para lo diabólico.

El Yoga, a pesar de su extrema popularidad en todo el país, también viene del ocultismo.³⁰ Los expertos en el campo del Yoga, tanto dentro como fuera del hinduismo, así como los practicantes hindúes, dicen que los movimientos físicos de Yoga son invocaciones y adoración de las deidades orientales, como el dios del sol. Además, estos

---

[26] Ripperger #6, #3
[27] Ripperger #2
[28] https://www.irishtimes.com/news/social-affairs/religion-and-beliefs/the-exorcists-bishop-setting-up-team-to-combat-evil-forces-1.3657796
[29] http://www.usccb.org/_cs_upload/8092_1.pdf
[30] Aunque el hinduismo es una religión establecida, es una religión falsa que lo lleva a la superstición y a las prácticas que lo exponen a lo diabólico y por lo tanto también se etiqueta como ocultismo.

expertos dicen que la dimensión física del Yoga no puede separarse de la dimensión espiritual. Ciertos ejercicios de Yoga, como los «saludos al sol», son claramente religiosos en su secuencia, ritmo e intención. Como resultado, sería un pecado, objetivamente hablando, hacer lo que es ofensivo a Dios.

El padre Amorth también insistió en el mal del Yoga. Muchos exorcistas expresan una falta de comprensión sobre cómo funciona realmente el Yoga, pero dicen que ven a muchas personas que vienen a ellos con problemas espirituales como resultado de ello. El centro del Yoga es una forma falsa de meditación, una canalización de energías y una apertura del alma a un reino espiritual ambiguo. Una investigación independiente sobre el Yoga demostrará cómo incluso las formas de Yoga «cristianas» a menudo navegan dentro o al lado de un ámbito religioso hindú, lo que arriesga impartir una confusión espiritual particular en la mente de los cristianos. Dado que el Yoga es tan variado en su profundidad de afiliación religiosa, algunas formas son más peligrosas que otras. Sin embargo, el riesgo es la pérdida de la gracia santificante y las posibles influencias diabólicas, que sí suceden, por lo tanto, el curso prudencial es evitarlo por completo.

El caso de *Harry Potter*

Los libros y películas de la serie popular *Harry Potter* son conocidos por casi todos debido al notable éxito de sus historias. Los exorcistas tienden a concluir muy severamente sobre la bondad de la historia y la sensatez de permitir que los jóvenes los lean y suelen verlo como una apertura a la curiosidad sobre el ocultismo, si no es peor.

En sus conferencias, el padre Ripperger proporciona muchos detalles importantes sobre la creación y propagación de los libros de ficción ocultista bajo el título de *Harry Potter*. De acuerdo al padre Ripperger, J.K. Rowling, la autora de esta serie de libros, fue a una escuela de brujas antes de escribir la serie de *Harry Potter*. Ella escribió toda la serie a través de «escritura automática», que es una técnica que implica asistencia demoníaca. Los hechizos utilizados en las historias son reales, tal como lo revelan las mismas brujas a los sacerdotes. Los exorcistas han dicho que el 60 por ciento de los nombres utilizados en los libros son nombres reales de demonios que los exorcistas han expulsado de personas.[31]

Un exorcista a quien el padre Ripperger conoce tuvo que exorcizar a tres niños porque simplemente habían leído estos libros. El padre también mencionó un caso de posesión que involucró a cinco demonios que afirmaron que ellos inspiraron a J.K. Rowling a escribir estos libros. El padre Ripperger y casi todos los exorcistas recomiendan a las personas que eviten estos libros. Cada vez que se leen estos libros, que hacen referencia a nombres de demonios y, por lo tanto, los celebran, se da gloria a estos demonios. Estos libros a menudo glorifican el pecado y el vicio, como mentir y tratar de adquirir el bien mediante el uso del mal.[32]

En un artículo de los comentarios del padre Amorth sobre *Harry Potter*, se le cita diciendo: comienza con *Harry Potter*, que aparenta ser un mago simpático, pero termina con el diablo. No hay duda en que la firma del Príncipe de las Tinieblas está claramente dentro de estos libros.[33] Mientras que al padre Amorth a menudo se le cita diciendo «no es del todo mal» si los niños van a ver las películas con sus padres, lo que no se señala es que esto se debe a que las películas presentan una versión mucho más «atenuada» de la magia del mundo de *Harry Potter*. Por supuesto, esto creará la ilusión de que los libros son tan seguros como las películas y los padres podrían estar dispuestos a permitir que el niño lea los libros sin la supervisión de los padres. Sin embargo, como dice el padre Amorth, particularmente después de que se despierta una curiosidad tenue al ver las películas, al leer *Harry Potter*, un niño pequeño se sentirá atraído a la magia y de allí es un simple paso hacia el satanismo y el diablo. La declaración bastante contundente del padre Amorth es esta: Detrás de *Harry Potter* se esconde la firma del rey de la oscuridad, el diablo.[34]

También se sabe que el papa Benedicto, antes de su elección al papado, expresó su acuerdo en que los libros de *Harry Potter* eran peligrosos para la fe de los niños, como se ve en una carta al autor alemán

---

[31] Ripperger #1
[32] Ibídem
[33] https://www.lifesitenews.com/news/vaticans-chief-exorcist-repeats-condemnation-of-harry-potter-novels
[34] https://www.lifesitenews.com/news/vaticans-chief-exorcist-repeats-condemnation-of-harry-potter-novels

Asociándose con el maligno

de un libro que crítica fuertemente a esta serie. Se cita al entonces cardenal Ratzinger de haber escrito sobre las seducciones sutiles que apenas son notorias y precisamente por eso afectan profundamente (a los niños) y corrompen la fe cristiana de las almas, incluso antes de que esta (la fe) pudiera crecer apropiadamente.[35]

Anteriormente se mencionó la declaración del padre Amorth, repetida a menudo, de que las películas de *Harry Potter* son aceptables, lo que no hace justicia a sus críticas. Del mismo modo, uno podría mirar los comentarios del padre Fortea y tal vez, salir con el presentimiento de que aprueba el libro, desde cierta perspectiva. En una entrevista, dice que no está a favor de prohibir los libros, ya que son solo una fantasía e inofensivos. Sin embargo, en esa misma entrevista, notando que los niños tienden a imitar lo que ven y leen, añade que es preocupante que la lectura de estos libros pueda llevar a [los niños] a intentar la práctica de magia o creer que la magia no es tan peligrosa como sus instintos podrían decirles.[36] Como exorcista, él conoce el peligro potencial que puede producir cualquier curiosidad sobre la magia.

Exponerse a una presentación atractiva de la magia es peligroso, no solo para los niños de esta edad moderna. En un artículo sobre los peligros de la serie de *Harry Potter*, el autor Michael O'Brien incorpora una declaración del padre Amorth sobre la susceptibilidad del hombre moderno a las sugerencias malignas. Él dice que el padre Amorth advierte que los hombres modernos están perdiendo su sentido de la realidad del mal sobrenatural. Como resultado, muchos se han vuelto más vulnerables a la influencia de los espíritus malignos que buscan corromper y destruir almas.[37]

---

[35] https://www.lifesitenews.com/news/pope-benedict-opposes-harry-potter-novels
[36] https://www.crossroadsinitiative.com/media/articles/interview-with-an-exorcist-fr-jose-antonio-fortea/
[37] https://www.lifesitenews.com/ldn/features/harrypotter/obrienpotter.html

Compendio XI

+ El número de portales al maligno ha aumentado enormemente en los tiempos modernos e incluye males como la pornografía, que se ha generalizado bastante.
+ Las estadísticas sobre el crecimiento de consultas con el ocultismo en todo el mundo son sorprendentes.
+ La cultura popular y la sociedad se han vuelto muy abiertas y curiosas respecto a las cosas místicas, diabólicas y ocultas, lo que presenta un grave peligro, particularmente para los jóvenes.
+ El satanismo se encuentra ahora en una posición en la que se siente bienvenido y con derecho a compartir el espacio y foro público.
+ La cantidad y variedad de prácticas de la Nueva Era también están en aumento y representan una seria amenaza para aquellos en situaciones vulnerables espiritualmente.
+ Las prácticas populares como el Yoga y la literatura como *Harry Potter* son ejemplos claros de lo arraigado que se ha vuelto el ocultismo en la sociedad moderna.

Conclusión

Hay muchas preguntas que todos deberíamos considerar a medida que continuamos este peregrinaje a la eternidad. ¿Alguien practicó magia en la casa donde vivo ahora? ¿Hay una bruja viviendo en mi vecindario? ¿Estoy viviendo en pecado mortal? ¿Recibí heridas profundas en mi alma en los años pasados cuando viví en pecado? ¿He bendecido mi casa? ¿Quién fue el dueño de mi auto antes de mí y sucedió algo malo en su interior? ¿He bendecido mi auto? ¿Hago regularmente algo que me expone a actividades o influencias diabólicas? ¿Me adhiero completamente a las enseñanzas de la Iglesia o las he modificado para adaptarlas a mis propios deseos? ¿Vive mi familia de acuerdo a la estructura de autoridad que Dios ha querido? ¿Bendigo a mis hijos regularmente? ¿Utilizo los sacramentales, como agua, sal y aceite benditos, para renovar la bendición de la Iglesia en mi hogar? ¿Llevo un escapulario y cumplo con las promesas que hice respecto al mismo? ¿Participo en oración mental regularmente? ¿Rezo a diario, como la justicia me exige que haga? ¿Me permito permanecer en pecado mortal sin buscar la Confesión lo antes posible? ¿He incursionado en el ocultismo en el pasado y no lo he mencionado en Confesión?

Estas preguntas son cruciales para asegurarse que no esté bajo engaño del maligno y proteger su vida espiritual, permitiéndole crecer y prosperar. Cuando tratamos a Dios como un asunto ligero y pequeño, prevenimos que nos imparta sus bendiciones. Cuando nos negamos a dejarlo entrar plenamente en nuestras vidas o lo alejamos debido a nuestras obras, evitamos que nos proteja de los males de este mundo. La Iglesia ha ofrecido por inspiración de Dios y de acuerdo a su voluntad, innumerables bendiciones y sacramentales, y hoy en día, incalculables también, que los fieles deberían buscar con entusiasmo. Estas bendiciones están olvidadas por la mayoría de los católicos y rara vez son predicadas por los sacerdotes, incluso aquellos que parecen ser tradicionales. Independientemente de la razón detrás de este grave descuido, estas bendiciones están en la vida de la Iglesia y los fieles obtienen verdaderos beneficios positivos cuando los usan.

MATANDO DRAGONES

Las enseñanzas de sacerdotes y exorcistas experimentados ponen una tremenda luz a nuestra batalla espiritual y sus percepciones son fundamentales para comprender un aspecto de nuestra vida que es invisible y está astutamente escondido. Que nuestro Señor ilumine nuestro intelecto y abra nuestra voluntad para que nos conformemos perfectamente a lo que nos enseña y nos otorga a través de nuestra Santa Madre, la Iglesia. Que nuestra travesía a través de este libro nos deje bien claro el trabajo que tenemos por delante y las armas espirituales que tenemos disponibles mientras luchamos contra las fuerzas invisibles que trabajan para nuestra perdición.

Concluyo aquí con las palabras de san Pablo:

Por lo demás, fortaleceos en el Señor y en la fuerza de su poder. Revestíos de las armas de Dios para poder resistir a las acechanzas del Diablo. Porque nuestra lucha no es contra la carne y la sangre, sino contra los Principados, contra las Potestades, contra los Dominadores de este mundo tenebroso, contra los Espíritus del Mal que están en las alturas. Por eso, tomad las armas de Dios, para que podáis resistir en el día malo, y después de haber vencido todo, manteneros firmes. ¡En pie!, pues; ceñida vuestra cintura con la Verdad y revestidos de la Justicia como coraza, calzados los pies con el Celo por el Evangelio de la paz, embrazando siempre el escudo de la Fe, para que podáis apagar con él todos los encendidos dardos del Maligno. Tomad, también, el yelmo de la salvación y la espada del Espíritu, que es la Palabra de Dios; siempre en oración y súplica, orando en toda ocasión en el Espíritu, velando juntos con perseverancia e intercediendo por todos los santos.[1]

---

[1] Efesios 6, 10-18

Referencias

La oración en el Apéndice, usada con permiso, proviene del libro publicado por el padre Ripperger, llamado *Deliverance Prayers: For Use by the Laity* (Oraciones de liberación: para uso de los laicos). Está disponible en Amazon en edición de bolsillo y Kindle. Contiene excelentes oraciones que abordan las necesidades espirituales de los fieles, muchas de las cuales están analizadas en este libro. Es un recurso invaluable y una herramienta imprescindible para los católicos practicantes de hoy.

Las siguientes son las conferencias espirituales, artículos y libros que sirvieron como fuente de enseñanza de los muchos exorcistas citados en este libro. Los números de páginas corresponden a los libros en inglés.

Charlas del padre Chad Ripperger:
1. *Conferencia sobre el exorcismo*, 19 de noviembre, 2013.
   https://www.youtube.com/watch?v=Ffe_p6kKXqw
2. *Spiritual Warfare Conference: Demons & Possession* (Conferencia de guerra espiritual: demonios y posesiones), 5 de noviembre, 2015.
   https://www.youtube.com/watch?v=WiLDxPf0vBg
3. *Spiritual Theology Series: Demons. Part I* (Serie de teología espiritual: demonios. Primera parte), 14 de julio, 2018.
   https://www.youtube.com/watch?v=v33wu9lPOlE
4. *Spiritual Theology Series: Demons. Part II* (Serie de teología espiritual: demonios. Segunda parte), 14 de julio, 2018.
   https://www.youtube.com/watch?v=wGi9ZQ21sTQ
5. *Spiritual Warfare Conference 1: Angels & Demons* (Conferencia de guerra espiritual 1: Ángeles y demonios), 9 de marzo, 2018.
   https://www.youtube.com/watch?v=nt_eTbkrR-g
6. *Spiritual Warfare, Part 1* (Guerra espiritual, Primera parte), 6 de junio, 2015.
   https://www.youtube.com/watch?v=AiYh96TrITE

7. *Spiritual Warfare, Part 2* (Guerra espiritual, Segunda parte), 7 de junio, 2015.
https://www.youtube.com/watch?v=uJc6WGOwtsQ&t=3s
8. *Generational Spirits Conference, Part 1, Introduction* (Conferencia de espíritus generacionales, Primera parte, Introducción), 12 de marzo, 2017.
https://www.youtube.com/watch?v=-OVhMBuhFo8
9. *Generational Spirits Conference, Part 2, Discernment* (Conferencia de espíritus generacionales, Segunda parte, Discernimiento), 12 de marzo, 2017.
https://www.youtube.com/watch?v=m1NZovyfad0
10. *Generational Spirits Conference, Part 3* (Conferencia de espíritus generacionales, Tercera parte), 10 de marzo, 2017.
https://www.youtube.com/watch?v=ZDpMfT5Way8
11. *Levels of Spiritual Warfare* (Niveles de guerra espiritual), 12 de noviembre, 2018.
https://www.youtube.com/watch?v=TMcvZaiBwe4

Charlas del padre Gary Thomas:
1. Entrevista, 17 de julio, 2015.
https://www.youtube.com/watch?v=I_wbro4KGZQ
2. *Exorcist Tells His Story* (El exorcista cuenta su historia), 18 de marzo, 2013.
https://www.youtube.com/watch?v=PV4FpKX5HNU
3. *On the Freemasons* (Sobre los masones), 16 de enero, 2018.
https://www.youtube.com/watch?v=V5X3fXIGVX8

Charlas del padre Jeffrey Grob:
1. *Talk About Exorcism at UIC* (Charla sobre el exorcismo en UIC), *St. John Paul II Newman Center*, 28 de noviembre, 2016.
https://www.youtube.com/watch?v=lPs8ExKc8fs

Video del padre Cesar Truqui
1. *Inside Story: The Ministry of an Exorcist – EWTN Vaticano Special* (Historia interna: el ministerio de un exorcista, EWTN, Especial del Vaticano), 6 de abril, 2018.
https://www.youtube.com/watch?v=pHDjVPKi0QU

Entrevista con el padre Randall Weber
1. *The Catholic Rite of Exorcism, the Diocesan Exorcist Speaks* (El rito católico del exorcismo, el exorcista diocesano habla), Show de Joan Jerkovich, 10 de marzo, 2012.
https://www.youtube.com/watch?v=Bv_0gRjUuFo

Charla del padre Carlos Martins
1. *Exorcism Discussion with Fr. Carlos Martins (Discusión de exorcismo con el padre Carlos Martins)*, 14 de marzo, 2011.
https://www.youtube.com/watch?v=18pg4ugjMoE

Artículos que se hacen referencia:
1. Padre Piero Catalano
    a. Padre Piero Catalano artículo de Gelsomino del Guercio para *Aleteia.org*, de una entrevista originalmente publicada por *Corriere Della Sera*, diciembre 2017, por Antonio Crispino. https://aleteia.org/2018/02/14/padre-pio-is-often-with-me-during-exorcisms-and-the-devil-fears-him/ (Recuperado: 26 de julio, 2019).
2. Padre Gary Thomas
    a. https://www.catholic.com/magazine/print-edition/interview-with-an-exorcist (Recuperado: 26 de julio: 26 de julio, 2019)
3. Padre José Fortea
    a. http://www.ncregister.com/daily-news/halloween-the-catholic-faith-and-the-occult (Recuperado: 26 de julio, 2019)
4. Padre Jeffrey Grob
    a. https://adoremus.org/2018/01/14/understanding-exorcism-interview-father-jeffrey-grob-specialist-rite-exorcism/ (Recuperado: 26 de julio, 2019)
5. Monseñor Esseff
    a. http://www.ncregister.com/blog/armstrong/exorcist-says-this-problem-is-far-worse-than-satan (Recuperado: 15 de julio, 2019).
6. Padre Cesar Truqui
    a. https://cruxnow.com/global-church/2017/10/28/exorcist-says-theres-demon-targets-family/ (Recuperado: 26 de julio, 2019).

7. Padre Carlos Martins
   a. http://www.courageouspriest.com/warning-attempt-exorcism-home (Recuperado: 23 de julio, 2019)
   b. https://www.catholicsun.org/2019/02/10/theres-plenty-in-a-name-especially-the-one-that-is-above-every-name/ (Recuperado: 26 de julio, 2019).

Libros

Amorth, Padre Gabriele. *An Exorcist Explains the Demonic*. (Un exorcista explica lo demoníaco). Sophia Institute Press, Manchester, 2016. (Nota al pie de página: «Amorth»)

Amorth, Padre Gabriele. *An Exorcist Tells His Story.* (Un exorcista narra su historia). Ignatius Press, San Francisco, 1999. (Nota al pie de página: «Amorth, *Exorcista narra*»)

Amorth, Padre Gabriele. *An Exorcist: More Stories.* (Un exorcista: más historias). Ignatius Press, San Francisco, 2002. (Nota al pie de página: «Amorth, *Más historias*»)

Blai, Adam. *Hauntings, Possessions, and Exorcisms* (Embrujos, posesiones y exorcismos). Emmaus Road Publishing, Steubenville, 2017.

Carlin, Padre Paolo. *An Exorcist Explains How to Heal the Possessed* (Un exorcista explica cómo sanar a los poseídos). Sophia Institute Press, Manchester, 2017.

Fortea, Padre José Antonio. *Interview with an Exorcist* (Entrevista con un exorcista). Ascension Press, West Chester, 2006.

Glenn, Monseñor Paul J. *A Tour of the Suma* (Tour de la Suma). TAN Books, Rockford, 1978.

The Roman Ritual (El ritual romano). SanctaMissa.org y EWTN.com. Oraciones en español: http://pluisbruno.blogspot.com/2010/03/los-sacramentales.html (Recuperado: 11 de febrero, 2020).

The Raccolta. http://www.liturgialatina.org/raccolta y https://archive.org/details/theraccoltaorcol00unknuoft/page/n6 (Recuperado: 1 de agosto, 2019).

San Alfonso Ligorio. *Las glorias de María.* http://www.corazones.org/espiritualidad/espiritualidad/lasgloriasdeMaria.pdf (Recuperado: 11 de febrero, 2020)

San Alfonso Ligorio. *Preparación para la muerte.* https://sanguisetaqua.files.wordpress.com/2016/06/preparacic3b3n-para-la-muerte-san-alfonso-maria-de-ligorio.pdf (Recuperado: 11 de febrero, 2020).

San Alfonso Ligorio. *La verdadera esposa de Cristo.* Obras Ascéticas, Vol X, Edición Grimm 1888. https://archive.org (Recuperado: 1 de agosto de, 2019)

San Francisco de Sales. *Introducción a la vida devota.* http://www.dfists.ua.es/~gil/intro-vida-devota.pdf (Recuperado: 11 de febrero, 2020)

San Juan de la Cruz. *Noche oscura del alma.* www.bibliotecaespiritual.com (Recuperado:11 de febrero, 2020)

San Luis de Montfort. *Tratado de la verdadera devoción a la Santísima Virgen María.* www.academia.edu (Recuperado: 11 de febrero, 2020)

San Luis de Montfort, *Himnos.* http://www.montfort.org/content/uploads/pdf/PDF_EN_85_1.pdf (Recuperado: 1 de agosto, 2019)

Santa Teresa de Ávila. *La vida de Teresa of Jesús.* http://www.santateresadejesus.com/wp-content/uploads/Libro-de-la-Vida.pdf (Recuperado: 11 de febrero, 2020)

Sermones de San Alfonso Ligorio, 4th Edición, Tan Books, Rockford, 1982.

MATANDO DRAGONES

Recursos adicionales

Suma Teológica de Santo Tomás de Aquino
http://hjg.com.ar/sumat/ (Recuperado: 8 de febrero, 2020).

Catena Aurea y comentarios evangelio de santo Tomás
https://mercaba.org/CATENA/Mt/01.htm (Recuperado: 8 de febrero, 2020).

Apéndice

Consagración de los bienes exteriores a la Santísima Virgen María

Yo, (nombre), pecador arrepentido, renuevo y ratifico hoy en tus manos, oh Madre Inmaculada, las promesas de mi Bautismo. Renuncio para siempre a Satanás, sus pompa y obras; y me entrego enteramente a Jesucristo, la Sabiduría Encarnada, para cargar con mi cruz todos los días de mi vida y para ser más fiel que nunca a él. En presencia de toda la corte celestial, este día te elijo a ti, oh María, como mi Madre y Señora. Sabiendo que he recibido derechos sobre todos mis bienes exteriores por promulgación de la Ley Natural del Autor Divino, te entrego y me consagro a ti, como tu esclavo, todos mis bienes exteriores, pasados, presentes y futuros. Pongo ante tus manos, mi Madre celestial, todos los derechos sobre mis bienes exteriores, incluyendo mi salud, finanzas, relaciones, posesiones, propiedades, trabajo y éxito terrenal, y no me reservo el derecho de disponer de los bienes que me lleguen, sino más bien te doy el derecho total y completo de disponer de lo que me pertenece, sin excepción, según como te guste, para la mayor gloria de Dios en el tiempo y la eternidad. Como ahora renuncio interiormente a lo que me pertenece exteriormente, te confío la protección de esos bienes exteriores del maligno, para que, sabiendo que ahora te pertenecen, no pueda tocarlos. Recibe, oh buena y piadosa Virgen, esta pequeña ofrenda, en honor y en unión a ese sometimiento que la Sabiduría Eterna se dignó tener a tu maternidad; en homenaje al poder que ambos tienen sobre este pobre pecador, y en agradecimiento por los privilegios con los que la Santísima Trinidad te ha favorecido. Confiando en el cuidado providencial de Dios Padre y en tu cuidado materno, tengo plena confianza en que proveerás mis necesidades de esta vida y no me dejarás desamparado. Dios Padre, aumenta mi confianza en la Madre de tu Hijo; nuestra Señora del Amor Justo, dame una confianza perfecta en la providencia de Tu Hijo. Amén.[1]

---

[1] Tomado de *Deliverance Prayers: For Use by the Laity* (Oraciones de liberación para uso de los laicos) por padre Chad Ripperger, disponible en Amazon.

Sobre el autor

Charles D. Fraune es el maestro fundador de teología de la Escuela Secundaria Católica *Christ the King* en Huntersville, Carolina del Norte, y ha sido maestro de teología durante ocho años en esa entidad. Ha enseñado en casi todos los niveles, desde segundo grado hasta adultos a nivel universitario y diocesano. Charles pasó tres semestres en el Seminario de San Carlos Borromeo en Pensilvania con la Diócesis de Raleigh. Esto completó su discernimiento al sacerdocio y la vida religiosa que duró 9 años, después de lo cual confirmó que nuestro Señor no le estaba llamando al clero. Charles cursó una Maestría de Arte en Teología de *Christendom College Graduate School*, así como un Diplomado en Catequesis Apostólico Avanzado. Charles disfruta de escribir desde hace más de veinte años, lo que produjo su primer libro, *Come Away By Yourselves*. Ha estado trabajando en libros relacionados con varios aspectos de la Fe Católica y la poderosa historia de su regreso a la Iglesia después de luchar con una enfermedad y depresión. Charles vive en la Diócesis de Charlotte, Carolina del Norte con su esposa y sus tres hijos pequeños.

A nuestros lectores:

Nos gustaría escuchar de nuestros lectores. Sus comentarios, preguntas, sugerencias de temas para libros adicionales, etc. son bienvenidos.

Por favor escribanos un correo electrónico a:
CharlesFraune@TheRetreatBox.com.

Manténgase al día con noticias de guerra espiritual, comentarios y publicaciones en nuestro sitio web:
www.TheSlayingDragonsBook.com

www.ingramcontent.com/pod-product-compliance
Lightning Source LLC
Chambersburg PA
CBHW021102080526
44587CB00010B/345